FRISK FISK OG LAKS KOGEBOG

Kun de bedste lakseopskrifter gjort nemme, enhver kok bør vide!

Emma Magnusson

Alle rettigheder forbeholdes.

Ansvarsfraskrivelse

Oplysningerne i denne e-bog er beregnet til at tjene som en omfattende samling af strategier, som forfatteren af denne e-bog har forsket i. Resuméer, strategier, tips og tricks er kun anbefalinger fra forfatteren, og læsning af denne e-bog garanterer ikke, at ens resultater nøjagtigt vil afspejle forfatterens resultater. Forfatteren af e-bogen har gjort alle rimelige anstrengelser for at give aktuelle og nøjagtige oplysninger til e-bogens læsere. Forfatteren og dens medarbejdere vil ikke blive holdt ansvarlige for eventuelle utilsigtede fejl eller udeladelser, der måtte blive fundet. Materialet i e-bogen kan indeholde oplysninger fra tredjeparter. Tredjepartsmateriale består af meninger udtrykt af deres ejere. Som sådan påtager forfatteren af e-bogen sig ikke ansvar eller ansvar for noget tredjepartsmateriale eller udtalelser. Uanset om det er på grund af internettets udvikling eller de uforudsete ændringer i virksomhedens politik og redaktionelle retningslinjer for indsendelse, kan det, der er angivet som kendsgerning på tidspunktet for dette skrivende, blive forældet eller uanvendeligt senere.

E-bogen er copyright © 2021 med alle rettigheder forbeholdt. Det er ulovligt at videredistribuere, kopiere eller skabe afledt arbejde fra denne e-bog helt eller delvist. Ingen dele af denne rapport må gengives eller gentransmitteres i nogen form for reproduceret eller gentransmitteret i nogen som helst form uden skriftligt udtrykt og underskrevet tilladelse fra forfatteren.

Sommario

Ansvarsfraskrivelse 2

INTRODUKTION 14

Grillet laks 14

Pocheret laks 15

Bagt laks 15

Røget laks 15

Rå laks 16

1. Magisk bagt laks 17

Ingredienser 17

Ingredienser 19

Ingredienser 22

Ingredienser 25

Ingredienser 28

Ingredienser 32

Laks 34

Sauce 35

POCHERT LAKS 36

Ingredienser 37

Vejbeskrivelse 38

9. Pocheret laks 40

Vejbeskrivelse 40

10. Pocheret laks med grøn urtesalsa 42

Ingredienser 42

Ingredienser 45

Vejbeskrivelse 46

Ingredienser 47

GRILLET LAKS 49

Ingredienser 50

Kørselsvejledning 51

14. Lakselasagne 53

Ingredienser 53

Kørselsvejledning 54

Ingredienser 57

Rutevejledning 57

16. Sprød skind laks med kapersdressing 59

Ingredienser 59

Kørselsvejledning 60

Kørselsvejledning 62

Ingrediens 64

Kørselsvejledning 65

Ingrediens 66

Kørselsvejledning 67

Ingrediens 68

Vejbeskrivelse 70

Ingrediens 71

Vejbeskrivelse 72

Ingrediens 73

Vejbeskrivelse 74

Ingrediens 76

Vejbeskrivelse 76

Ingredienser 78

Kørselsvejledning 79

25. Ceder planke laks 81

Ingredienser 81

Kørselsvejledning 82

26. Røget hvidløgslaks 83

Ingredienser 83

Kørselsvejledning 84

Ingredienser 85

28. Røget laks og flødeost på toast 88

Ingredienser 88

Ingredienser 90

Ingrediens 93

31. Grillet laks med kartoffel & brøndkarse 95

Ingrediens 95

32. Karrylaks-risbrød 98

Ingredienser 98

Ingredienser 100

34. Laks med estragon dild flødesauce 102

Laksefilet 103

Flødesauce 103

35. Sorten laks 105

Ingredienser 105

36. Steget laks med zucchinipesto 108

Zucchini Pesto 108

Laks 109

Rutevejledning 109

Ingredienser 111

Laksekroketter 112

38. Laksepaté 113

Ingredienser 113

Grønne 115

Ingredienser 115

Ingredienser 117

Ingredienser 119

Ingredienser 121

43. Sød laks med ingefær og spidskål 124

Ingredienser 124

Ingredienser 127

45. Lakse-Broccoli Brød med Dild og Kapers 130

Ingredienser 130

Ingredienser 133

Ingredienser 136

Ingredienser 139

49. Krydret laks og aubergine 142

Ingredienser 142

50. Citruslaks 143

Ingredienser 144

Pynt (valgfrit) 145

51. Thai laksepakker 146

Ingredienser 146

54. Lakseburgere 152

56. Laks med estragon dild flødesauce 156

Laksefilet 157

Flødesauce 157

Ingredienser 159

58. Fish jerky 161

60. Ovnstegt Laks og Grøntsager 167

Ingredienser 170

Ingredienser 173

Ingredienser 175

64. Peberrod Laks 177

Ingredienser 177

Peberrodsauce 178

65. Varm Lakse- og Kartoffelsalat 180

Ingredienser 180

66. En-potte laks med ris og snapseærter 183

Ingredienser 183

67. Stegt Laks med Tomater & Løg 186

Ingredienser 186

68. Laksefiskekager med grøntsagsris 189

Laksekager 189

Grøntsagsris 190

69. Soja ingefær laks 192

Ingredienser 192

70. Laks med Chili Kokossauce 194

Ingredienser 195

Ingredienser 197

Ingredienser 200

Ingredienser 203

Ingredienser 206

75. Sort laks med blandet grøntsagsris 209

Laks 210

Ris 210

76. Ingefærlaks med honningmelonsalsa 213

Ingredienser 213

77. Citronris med pandestegt laks 216

Ris 216

Laks 217

Dildsauce 217

Ingredienser 220

79. Alaska laks & avocado pastasalat 223

Ingrediens 223

Ingrediens 226

81. røget laks, agurk og pastasalat 228

Ingrediens 228

82. Karameliseret laks over en varm kartoffelsalat 230

Ingrediens 231

83. Stivnet laksesalat 233

Ingrediens 233

Ingrediens 235

85. Dilled laksesalat 238

Ingrediens 238

86. Laks med sprøde krydderurter og orientalsk salat
.... 241

Ingrediens 241

Ingrediens 243

88. Malaysisk urteris og laksesalat 246

Ingrediens 246

Ingrediens 250

90. Pandestegt laks med kartoffelsalat 253

Ingrediens 253

Ingrediens 256

92. Pastasalat med laks og zucchini 259

LAKSESUPPER 260

Ingredienser 261

94. Cremet laksesuppe 264

Ingrediens 265

95. Irsk røget laks sommersuppe 267

Ingrediens 267

Ingrediens 270

97. Kartoffelostsuppe med laks 272

Ingrediens 273

98. Kartoffelsuppe med røget laks relish 275

Ingrediens 275

Ingrediens 278

100. Klar laksesuppe 280

Ingrediens 281

KONKLUSION 284

INTRODUKTION

Laks er en god kilde til omega-3 fedtsyrer, som hjælper med at holde dit hjerte og din hjerne sund, uden at have et højt indhold af total fedt. Den er rig på Bcomplex vitaminutter, nogle få mineraler og kan tilføje en betydelig mængde D-vitamin til dit daglige indtag.

Laks indeholder også astaxanthin, et carotenoid, der er relateret til vitamin A og menes at have antioxidant- og immunstimulerende egenskaber.1

Nogle gange kan tilberedning af mad på bestemte måder tilføje kalorier fra ekstra fedtstoffer eller sukkerarter. Her er et kig på seks sunde måder at servere laks på, hvilket giver dig masser af muligheder, uanset hvilken tilberedningsmetode du foretrækker:

Grillet laks

Grilltilberedning anses for at være sund, fordi det ikke kræver tilsætning af ekstra fedt, bortset fra et lille lag olie på selve grillen. Laks er perfekt til grillen, især når du sammenligner den med hvid fisk, fordi kødet forbliver fast, mens det tilberedes og falder ikke fra hinanden.

Pocheret laks

Pochering involverer at koge laksen i en væske, der simrer forsigtigt i en stegepande på dit komfur. En mulighed er at simre den i vand, der er krydret med dine yndlingsurter og krydderier, eller du kan pochere din fisk i vin eller bouillon.

Bagt laks

Laksefileter og bøffer kan bages i din ovn, og du kan bage dem på en pande eller i bagepapir. Brug af bagepapir hjælper med at forhindre fisken i at sætte sig fast, samtidig med at det forenkler oprydningen.

Røget laks

Røget laks har ikke så meget af omega-3 fedtsyrerne som frisk laks eller dåse laks, men det kan stadig være en sund mad. Den tilberedes ved først at kurere fisken i en saltlageopløsning og derefter lade den tørre lidt. Dernæst tilbringer den tid i røg, der skabes ved at brænde flis i en ryger.

Laks på dåse

En fordel ved laks på dåse er, at den i modsætning til frisk laks ikke bliver dårlig på en uge, hvis du glemmer at tilberede den. Der er meget at sige om bekvemmeligheden ved fisk på dåse.

Rå laks

Frisk, rå laks er fyldt med omega-3 fedtsyrer og har en vidunderlig smag. Rå laks serveres ofte som sushi eller sashimi, men du kan også finde laksecarpaccio, crudo eller ceviche.

BAGET LAKS

1. Magisk bagt laks

(Gør 1 portion)

ingredienser

- 1 laksefilet
- 2 tsk Salmon Magic
- Usaltet smør, smeltet

a) Forvarm ovnen til 450 F.

b) Pensl let toppen og siderne af laksefileten med smeltet smør. Pensl let en lille pladeform med smeltet smør.

c) Krydr toppen og siderne af laksefileten med Salmon Magic. Hvis fileten er tyk, så brug lidt mere Salmon Magic. Pres krydderierne forsigtigt i.

d) Læg fileten på bradepanden og bag til toppen er gyldenbrun, og fileten lige er gennemstegt. For at få fugtig, lyserød laks, må du ikke overkoge. Server straks.

e) Tilberedningstid: 4 til 6 minutter.

2. Laks med Granatæble & Quinoa

Portioner: 4 portioner

ingredienser

- 4 laksefileter, uden skind
- ¾ kop granatæblejuice, sukkerfri (eller lavt sukkerindhold)
- ¼ kop appelsinjuice, uden sukker

- 2 spsk appelsinmarmelade/marmelade
- 2 spsk hvidløg, hakket
- Salt og peber efter smag
- 1 kop quinoa, kogt i henhold til pakken
- Et par kviste koriander

Rutevejledning:

a) I en mellemstor skål kombineres granatæblejuice, appelsinjuice, appelsinmarmelade og hvidløg. Smag til med salt og peber og juster smagen efter behag.

b) Forvarm ovnen til 400F. Smør bageformen med blødt smør. Placer laksen på bradepanden, så der er 1-tommers mellemrum mellem fileterne.

c) Kog laksen i 8-10 minutter. Tag herefter forsigtigt gryden ud af ovnen og hæld granatæbleblandingen i. Sørg for, at toppen af laksen er jævnt belagt med blandingen. Sæt laksen tilbage i ovnen og steg i 5 minutter mere, eller indtil den er gennemstegt og granatæbleblandingen er blevet til en gylden glasur.

d) Mens laksen koger tilberedes quinoaen. Kog 2 kopper vand over middel varme og tilsæt quinoaen. Kog i 5-8 minutter eller indtil vandet er absorberet. Sluk for varmen, luft quinoaen med en gaffel og læg låget tilbage. Lad restvarmen koge quinoaen i 5 minutter mere.

e) Overfør den granatæbleglaserede laks til et serveringsfad og drys lidt friskhakket koriander. Server laksen med quinoa.

3. Bagt laks & søde kartofler

Portioner: 4 portioner

ingredienser

- 4 laksefileter, skindet fjernet
- 4 mellemstore søde kartofler, skrællet og skåret i 1-tommer tykke
- 1 kop broccolibuketter

- 4 spiseskefulde ren honning (eller ahornsirup)
- 2 spsk appelsinmarmelade/marmelade
- 1 1-tommers frisk ingefærknop, revet
- 1 tsk dijonsennep
- 1 spsk sesamfrø, ristede
- 2 spsk usaltet smør, smeltet
- 2 tsk sesamolie
- Salt og peber efter smag
- Forårsløg/spidskål, friskhakket

Rutevejledning:

a) Forvarm ovnen til 400F. Smør bradepanden med smeltet usaltet smør.
b) Læg de skåret søde kartofler og broccolibuketter i gryden. Smag let til med salt, peber og en teskefuld sesamolie. Sørg for, at grøntsagerne er let belagt med sesamolie.
c) Bag kartoflerne og broccolien i 10-12 minutter.
d) Mens grøntsagerne stadig er i ovnen, tilberedes den søde glasur. I en røreskål tilsættes honning (eller ahornsirup), appelsinmarmelade, revet ingefær, sesamolie og sennep.

e) Tag forsigtigt bradepanden ud af ovnen og fordel grøntsagerne til siden for at give plads til fisken.
f) Krydr laksen let med salt og peber.
g) Læg laksefileterne i midten af bradepanden og hæld den søde glasur over laksen og grøntsagerne.
h) Sæt gryden tilbage i ovnen og steg i yderligere 8-10 minutter, eller indtil laksen er mør.
i) Overfør laks, søde kartofler og broccoli til et flot serveringsfad. Pynt med sesamfrø og forårsløg.

4. Bagt laks med sort bønnesauce

Portioner: 4 portioner

ingredienser

- 4 laksefileter, skind og ben fjernet
- 3 spiseskefulde sorte bønnesauce eller sorte bønne hvidløgssauce

- ½ kop hønsefond (eller grøntsagsfond som en sundere erstatning)
- 3 spsk hvidløg, hakket
- 1 1-tommers frisk ingefærknop, revet
- 2 spsk sherry eller sake (eller enhver madlavningsvin)
- 1 spsk citronsaft, friskpresset
- 1 spsk fiskesauce
- 2 spsk brun farin
- ½ tsk røde chiliflager
- Friske korianderblade, finthakket
- Forårsløg som pynt

Rutevejledning:

a) Smør en stor bradepande eller beklæd den samme med bagepapir. Forvarm ovnen til 350F.

b) Kombiner hønsefond og sort bønnesauce i en mellemstor skål. Tilsæt hakket hvidløg, revet ingefær, sherry, citronsaft, fiskesauce, farin og chiliflager. Bland grundigt indtil brun farin er helt opløst.

c) Hæld den sorte bønnesauce over laksefileterne og lad laksen absorbere den sorte bønneblanding helt i mindst 15 minutter.

d) Overfør laksen til bageformen. Kog i 15-20 minutter. Sørg for, at laksen ikke bliver for tør i ovnen.

e) Server med hakket koriander og forårsløg.

5. Paprika grillet laks med spinat

Portioner: 6 portioner

ingredienser

- 6 lyserøde laksefileter, 1 tomme tykke
- ¼ kop appelsinjuice, friskpresset

- 3 tsk tørret timian
- 3 spiseskefulde ekstra jomfru olivenolie
- 3 tsk sød paprikapulver
- 1 tsk kanelpulver
- 1 spsk brun farin
- 3 kopper spinatblade
- Salt og peber efter smag

Rutevejledning:

a) Pensl lidt oliven på hver side af laksefileterne, og krydr med paprikapulver, salt og peber. Stil til side i 30 minutter ved stuetemperatur. Lad laksen absorbere paprika rub.

b) I en lille skål blandes appelsinjuice, tørret timian, kanelpulver og brun farin.

c) Forvarm ovnen til 400F. Overfør laksen til en foliebeklædt bradepande. Hæld marinaden til laksen. Kog laksen i 15-20 minutter.

d) Tilsæt en teskefulde ekstra jomfru olivenolie i en stor stegepande og kog spinaten i cirka et par minutter, eller indtil den er visnet.

e) Server den bagte laks med spinat ved siden af.

6. Laks Teriyaki med grøntsager

Portioner: 4 portioner

ingredienser

- 4 laksefileter, skind og knogler fjernet • 1 stor sød kartoffel (eller blot kartoffel), skåret i mundrette stykker
- 1 stor gulerod, skåret i mundrette stykker
- 1 stort hvidt løg, skåret i tern
- 3 store peberfrugter (grøn, rød og gul), hakket
- 2 kopper broccolibuketter (kan erstattes med asparges)
- 2 spsk ekstra jomfru olivenolie
- Salt og peber efter smag
- Forårsløg, finthakket
- Teriyaki sauce
- 1 kop vand
- 3 spiseskefulde sojasovs
- 1 spsk hvidløg, hakket
- 3 spsk brun farin
- 2 spsk ren honning
- 2 spiseskefulde majsstivelse (opløst i 3 spiseskefulde vand)
- ½ spiseskefulde ristede sesamfrø **Vejledning:**

a) I en lille stegepande piskes sojasovs, ingefær, hvidløg, sukker, honning og vand ved lav varme.

Rør konstant, indtil blandingen simrer langsomt. Rør majsstivelsesvandet i og vent til blandingen tykner. Tilsæt sesamfrø og stil til side.

b) Smør en stor bradepande med usaltet smør eller madlavningsspray. Forvarm ovnen til 400F.

c) Hæld alle grøntsagerne i en stor skål og dryp med olivenolie. Bland godt, indtil grøntsagerne er godt belagt med olie. Smag til med friskkværnet peber og en smule salt. Overfør grøntsagerne til bageformen. Spred grøntsagerne til siderne og lad lidt plads i midten af bageformen.

d) Læg laksen i midten af bageformen. Hæld 2/3 af teriyakisaucen i grøntsagerne og laksen.

e) Bag laksen i 15-20 minutter.

f) Overfør den bagte laks og de ristede grøntsager til et flot serveringsfad. Hæld den resterende teriyakisauce i og pynt med hakkede forårsløg.

7. Laks i asiatisk stil med nudler

Portioner: 4 portioner

ingredienser

Laks

- 4 laksefileter, skindet fjernet
- 2 spiseskefulde ristet sesamolie
- 2 spsk ren honning
- 3 spsk let sojasovs

- 2 spsk hvid eddike
- 2 spsk hvidløg, hakket
- 2 spsk frisk ingefær, revet
- 1 tsk ristede sesamfrø
- Hakket forårsløg til pynt

Risnudler

- 1 pakke asiatiske risnudler

Sovs

- 2 spsk fiskesauce
- 3 spsk limesaft, friskpresset
- Chiliflager

Rutevejledning:

a) Til laksemarinade kombineres sesamolie, sojasovs, eddike, honning, hakket hvidløg og sesamfrø. Hæld i laksen og lad fisken marinere i 10-15 minutter.

b) Læg laksen i et ovnfast fad, som er smurt let med olivenolie. Kog i 10-15 minutter ved 420F.

c) Mens laksen er i ovnen tilberedes risnudlerne efter pakkens anvisning. Dræn godt af og overfør til individuelle skåle.

d) Bland fiskesauce, limesaft og chiliflager og hæld i risnudlerne.

e) Top hver nudelskål med friskbagte laksefileter. Pynt med forårsløg og sesamfrø.

POCHERT LAKS

8. Pocheret laks i tomat hvidløgsbouillon

Serverer 4

ingredienser

- 8 fed hvidløg
- skalotteløg
- teskefulde ekstra jomfru olivenolie

- 5 modne tomater
- 1 1/2 dl tør hvidvin
- 1 kop vand
- 8 kviste timian 1/4 tsk havsalt
- 1/4 tsk frisk sort peber
- 4 Copper River Sockeye laksefileter hvid trøffelolie (valgfrit)

Vejbeskrivelse

a) Pil og hak hvidløgsfed og skalotteløg groft. Læg olivenolie, hvidløg og skalotteløg i et stort braiseringsfad eller sauterpande med låg. Sved over medium-lav varme, indtil de er bløde, cirka 3 minutter.

b) Kom tomater, vin, vand, timian, salt og peber i gryden og bring det i kog. Når det koger, reducer du varmen til en simre og læg låg på.

c) Lad det simre i 25 minutter, indtil tomaterne er sprængt og frigiver deres saft. Med en træske eller spatel knuses tomaterne til en frugtkød.

Lad det simre uden låg i yderligere 5 minutter, indtil bouillonen er reduceret en smule.

d) Mens bouillonen stadig simrer, lægges laksen i bouillonen. Dæk og pocher i kun 5 til 6 minutter, indtil fisken let flager. Placere fisken på en tallerken og stil til side. Læg en si i en stor skål og hæld den resterende bouillon i sigten. Si bouillonen og kasser de faste stoffer, der er tilbage. Smag på bouillonen og tilsæt salt og peber, hvis det er nødvendigt.

e) Simpel kartoffelmos eller endda ristede kartofler er en god side med dette måltid. Top derefter med sauterede asparges og den pocherede laks.

f) Hæld den sigtede bouillon rundt om laksen. Tilføj et skvæt hvid trøffelolie, hvis det ønskes. Tjene.

9. Pocheret laks

ingredienser

- Små laksefileter, cirka 6 ounce

Vejbeskrivelse

a) Kom cirka en halv tomme vand i en lille 56 tommer stegepande, dæk den, opvarm vandet til at simre, og kom derefter fileten tildækket i fire minutter.

b) Tilsæt det krydderi du kan lide til laksen eller til vandet.

c) De fire minutter efterlader midten ukogt og meget saftig. Hvis der er skind, klistrer det som regel til gryden, og hvis du løber varmt vand over det, så snart du fjerner laksen, vaskes/skrabes det lige af.

d) Lad fileten køle lidt af og skær den i halvanden tomme brede stykker.

e) Tilføj til en salat inklusive salat (enhver slags) god tomat, dejlig moden avocado, rødløg, croutoner og enhver velsmagende dressing.

10. Pocheret laks med grøn urtesalsa

Portioner: 4 portioner

ingredienser

- 3 kopper vand
- 4 grønne teposer
- 2 store laksefileter (ca. 350 gram hver)
- 4 spiseskefulde ekstra jomfru olivenolie

- 3 spsk citronsaft, friskpresset
- 2 spsk persille, friskhakket
- 2 spsk basilikum, friskhakket
- 2 spsk oregano, friskhakket
- 2 spsk asiatisk purløg, friskhakket
- 2 tsk timianblade
- 2 tsk hvidløg, hakket

Rutevejledning:

a) Bring vand i kog i en stor gryde. Tilsæt de grønne teposer, og tag dem derefter af varmen.

b) Lad teposerne trække i 3 minutter. Fisk teposerne op af gryden og bring det te-infunderede vand i kog. Tilsæt laksen og sænk varmen.

c) Pocher laksefileterne, indtil de bliver uigennemsigtige i den midterste del. Kog laksen i 5-8 minutter eller indtil den er gennemstegt.

d) Tag laksen op af gryden og stil den til side.

e) I en blender eller foodprocessor hælder du alle de friskhakkede krydderurter, olivenolie og citronsaft. Blend godt indtil blandingen danner en glat pasta. Smag pastaen til med salt og peber. Du kan justere krydderierne efter behov.

f) Anret den pocherede laks på et stort fad og top med den friske urtepasta.

11. **Kold pocheret laksesalat**

Udbytte: 2 portioner

ingredienser

- 1 spsk hakket selleri
- 1 spsk hakkede gulerødder
- 2 spsk grofthakkede løg
- 2 dl vand
- 1 kop hvidvin
- 1 laurbærblad
- 1½ tsk salt
- 1 citron; skåret i halve
- 2 kviste persille
- 5 sorte peberkorn
- 9-ounce center-skåret laksefilet
- 4 kop babyspinat; gjort rent
- 1 spsk citronsaft
- 1 tsk hakket citronskal
- 2 spsk hakket frisk dild
- 2 spsk hakket frisk persille
- ½ kop olivenolie
- 1¼ tsk hakkede skalotteløg

- 1 salt; at smage
- 1 friskkværnet sort peber; at smage

Vejbeskrivelse

a) I en lav pande placeres selleri, gulerødder, løg, vin, vand, laurbærblad, salt, citron, persille og peberkorn. Bring det i kog, reducer varmen, og læg forsigtigt laksestykkerne i den simrende væske, læg låg på og lad det simre i 4 minutter. Imens laver du marinaden.

b) Bland citronsaft, skal, dild, persille, olivenolie, skalotteløg, salt og peber i en skål. Hæld marinaden i en ikke-reaktiv pande eller beholder med flad bund og lige nok plads til at lægge den kogte laks. Fjern nu laksen fra gryden og læg den i marinaden. Lad afkøle i 1 time.

c) Vend spinaten i lidt af marinaden og smag til med salt og peber, og fordel mellem to serveringsplader. Brug en hulspatel til at placere laksen ovenpå spinaten.

12. Pocheret laks med sticky rice

Udbytte: 1 portioner

ingredienser

- 5 kopper olivenolie
- 2 hoveder ingefær; smadret
- 1 hoved hvidløg; smadret
- 1 bundt spidskål; skåret

- 4 stykker laks; (6 ounce)
- 2 kopper japansk ris; dampet
- $\frac{3}{4}$ kop Mirin
- 2 spidskål; skåret
- $\frac{1}{2}$ kop tørrede kirsebær
- $\frac{1}{2}$ kop tørrede blåbær
- 1 Ark nori; smuldrede
- $\frac{1}{2}$ kop citronsaft
- $\frac{1}{2}$ kop fiskefond
- $\frac{1}{4}$ kop isvin
- $\frac{3}{4}$ kop vindruekerneolie
- $\frac{1}{2}$ kop lufttørret majs

Vejledning

a) I en gryde bringes olivenolien op på 160 grader. Tilsæt den knuste ingefær, hvidløg og spidskål. Tag blandingen af varmen og lad den trække i 2 timer. Stamme.

b) Damp risene og krydr derefter med mirin. Når det er afkølet, blandes de skårne spidskål, tørret i en gryde. Bring olivenolien op på 160 grader.

Tilsæt den knuste ingefær, hvidløg og spidskål. Tag bær og tang.

c) For at lave saucen skal du bringe citronsaft, fiskefond og isvin i kog. Fjern fra varmen og bland vindruekerneolien i. Smag til med salt og peber.

d) For at pochere fisken, bringes pocheringsolien op på omkring 160 grader i en dyb gryde. Krydr laksen med salt og peber og sænk forsigtigt hele fiskestykket i olien. Lad det pochere forsigtigt i cirka 5 minutter eller indtil sjældent-medium.

e) Mens fisken koger, læg rissalat på tallerken og dryp med citronsauce. Læg pocheret fisk på rissalat, når den er færdig med at blive pocheret.

GRILLET LAKS

13. Citrus Laksefilet

Serverer 4 personer

ingredienser

- ¾ kg Frisk laksefilet
- 2 spsk Manuka-smag eller almindelig honning
- 1 spsk Friskpresset limesaft

- 1 spsk Friskpresset appelsinjuice
- ½ spsk limeskal
- ½ spsk appelsinskal
- ½ knivspids salt og peber
- ½ lime skåret i skiver
- ½ appelsin i skiver
- ½ håndfuld frisk timian og mikrourter

Vejbeskrivelse

a) Brug omkring 1,5 kg + frisk kongelig laksefilet, hud på, ben ud.

b) Tilsæt appelsin, lime, honning, salt, peber og skal - kombineres godt

c) En halv time før tilberedning glaser fileten med en wienerbrødspensel og flydende citrus.

d) Skær appelsin og lime i tynde skiver

e) Bag ved 190 grader i 30 minutter og tjek derefter, det kan tage yderligere 5 minutter afhængigt af hvordan du foretrækker din laks.

f) Tag ud af ovnen og drys med frisk timian og mikrourter

14. Laksellasagne

Serverer 4 personer

ingredienser

- 2/3 del(e) Mælk til pochering
- 2/3 gram Kogte lasagneplader

- 2/3 kop(e) Frisk dild
- 2/3 kop ærter
- 2/3 kop parmesan
- 2/3 kugle mozzarella
- 2/3 sauce
- 2/3 pose babyspinat
- 2/3 kop(e) fløde
- 2/3 tsk(e) Muskatnød

Vejbeskrivelse

a) Lav først béchamel- og spinatsauce og pocher laksen. Til béchamelsaucen smeltes smørret i en lille gryde. Rør om

mel og kog i et par minutter til det er skummende under konstant omrøring.

b) Tilsæt gradvist den varme mælk under hele tiden, indtil saucen er jævn. Bring let i kog, under konstant omrøring, indtil saucen tykner. Smag til med salt og peber.

c) For at lave spinatsauce skal du trimme og vaske spinat. Mens vandet stadig klæber til bladene, læg spinaten i en stor gryde, dæk med låg og lad det simre forsigtigt, indtil bladene lige er visne.

d) Dræn og pres overskydende vand ud. Overfør spinat til en blender eller foodprocessor tilsæt fløde og muskatnød. Puls for at kombinere og smag til med salt og peber.

e) Forvarm ovnen til 180 grader. Smør en stor ovnfast fad. Pocher forsigtigt laksen i mælk, indtil den er lige kogt, og bræk den derefter i gode stykker. Kassér mælken.

f) Dæk bunden af bageformen tyndt med 1 kop béchamelsauce.

g) Fordel et overlappende lag lasagneplader over saucen, fordel derefter et lag af

spinatsauce og læg halvdelen af laksestykkerne jævnt over dette. Drys med lidt hakket dild. Læg endnu et lag lasagne på, tilsæt derefter et lag bechamelsauce og drys dette med ærter til et groft dække.

h) Gentag lagene igen, så det er lasagne, spinat og laks, dild, lasagne, béchamelsauce og derefter ærter. Afslut med et sidste lag lasagne, derefter et tyndt lag bechamelsauce. Top med revet parmesanost, og stykker frisk mozzarella.

i) Bag lasagnen i 30 minutter, eller indtil den er varm og

15.   Teriyaki laksefileter

Serverer 4 personer

ingredienser

- 140 gram 2 x twin Regal 140g Friske lakseportioner
- 1 kop (r) flormelis
- 60 ml sojasovs
- 60 ml mirin krydderi
- 60 ml mirin krydderi
- 1 pakke økologiske udonnudler

Vejbeskrivelse

a) Mariner 4 x 140 g stykker frisk Regal laks med strøsukker, sojasauce, mirinsauce, bland alle 3 ingredienser godt sammen og lad det stå på laksen i 30 minutter.

b) Kog vand op og tilsæt de økologiske udonnudler og lad dem koge hurtigt i 10 minutter.

c) Skær skalotteløg i tynde skiver og stil til side.

d) Steg laksefiletportioner i en stegepande ved middel til høj varme i 5 minutter og vend derefter fra side til side, og hæld eventuelt ekstra sauce på.

e) Når nudlerne er klar fordelt på tallerken, top med laks

16. Sprød skind laks med kapersdressing

Serverer 4 personer

ingredienser

- 4 frisk NZ laksefilet 140g portioner
- 200 ml Premium olivenolie
- 160 ml hvid balsamicoeddike

- 2 knuste hvidløgsfed
- 4 spsk kapers hakket
- 4 spsk hakket persille
- 2 spsk dild hakket

Vejbeskrivelse

a) Overtræk laksefileterne i 20 ml olivenolie og krydr med salt og peber.

b) Kog ved høj varme med en slip-let pande i 5 minutter, vend top til bund og side til side.

c) Kom de resterende ingredienser i en skål og pisk, dette er din dressing, når laksen er kogt, hæld dressingen over fileten med skindsiden opad.

d) Server med en pære, valnød, halloumi og rucolasalat

17. Laksefilet med kaviar

Serverer 4 personer

ingredienser

- 1 tsk salt
- 1 limebåde
- 10 Skalotteløg (løg) pillede
- 2 spsk sojaolie (ekstra til børstning)

- 250 gram cherrytomater halveret

- 1 lille grøn chili i tynde skiver

- 4 spsk limesaft

- 3 spsk fiskesauce

- 1 spsk sukker

- 1 håndfuld korianderkviste

- 1 1/2kg Frisk Laksefilet s/on b/out

- 1 krukke lakserogn (kaviar)

- 3/4 agurk skrællet, halveret på langs, kernet ud og skåret i tynde skiver

Vejbeskrivelse

a) Forvarm ovnen til 200°C, men skåret agurk i en keramisk skål, med salt, sæt til side i 30 minutter, så den kan sylte.

b) Læg skalotteløg i et lille bradefad, tilsæt sojaolien, bland godt og sæt i ovnen i 30 minutter, til de er møre og godt brunede.

c) Tag den ud af ovnen og stil den til afkøling, vask imens den saltede agurk godt under rigeligt koldt rindende vand, pres den tør i håndfulde og kom den i en skål.

d) Forvarm ovngrillen til meget varm, halver skalotteløgene og kom dem i agurken.

e) Tilsæt tomater, chili, limesaft, fiskesauce, sukker, korianderkviste og sesamolie og bland godt.

f) Smag til – juster evt. det søde, med sukker og limesaft – sæt til side.

g) Læg laksen på oliesmurt bagepapir, pensl toppen af laksen med sojaolie, krydr med salt og peber, læg den under grillen i 10 minutter, eller indtil den netop er kogt og let brunet.

h) Tag den ud af ovnen, læg den på et fad, drys med tomat- og agurkeblandingen og skefulde lakserogn.

i) Server med limebåde og ris

18. Ansjosgrillede laksebøffer

Udbytte: 4 portioner

Ingrediens

- 4 Laksebøffer
- Persillekviste
- Citronbåde ---ansjossmør-----
- 6 Ansjosfileter

- 2 spsk Mælk
- 6 spsk Smør
- 1 dråbe Tabasco sauce
- Peber

Vejbeskrivelse

a) Forvarm grillen til høj varme. Olér grillstativet, og læg hver bøf for at sikre en jævn varme. Læg en lille klat Ansjossmør (del en fjerdedel af blandingen i fire) på hver bøf. Grill i 4 minutter.

b) Vend bøfferne med en fiskeskive og læg endnu en fjerdedel af smørret blandt bøfferne. Grill på anden side 4 minutter. Reducer varmen og lad stege i yderligere 3 minutter, mindre hvis bøfferne er tynde.

c) Server med en pænt anrettet klat ansjossmør på toppen af hver bøf.

d) Pynt med persillekviste og citronbåde.

e) Ansjossmør: Udblød alle ansjosfileterne i mælk. Mos i en skål med en træske, til det er cremet. Rør alle ingredienser sammen og afkøl.

f) Serverer 4.

19. BBQ røggrillet laks

Udbytte: 4 portioner

Ingrediens

- 1 tsk revet limeskal
- ¼ kop limesaft

- 1 spsk vegetabilsk olie
- 1 tsk dijonsennep
- 1 knivspids peber
- 4 laksebøffer, 1 tomme tykke [1-1/2 lb.]
- ⅓ kop ristet sesamfrø

Vejbeskrivelse

a) Kombiner limeskal og saft, olie, sennep og peber i et lavt fad; tilsæt fisk, vend til pels. Dæk til og mariner ved stuetemperatur i 30 minutter, vend af og til.

b) Reservation af marinade, fjern fisk; drys med sesamfrø. Placer på en smurt grill direkte over medium varme. Tilsæt opblødte træflis.

c) Dæk og kog, vend og drys med marinade halvvejs igennem, i 16-20 minutter, eller indtil fisken let flager, når den testes med gaffel.

20. Kulgrillet laks & sorte bønner

Udbytte: 4 portioner

Ingrediens

- ½ pund sorte bønner; gennemblødt

- 1 lille løg; hakket

- 1 lille gulerod
- ½ Selleri Rib
- 2 ounces skinke; hakket
- 2 Jalapeno peberfrugter; opstammet og skåret i tern
- 1 fed hvidløg
- 1 laurbærblad; bundet sammen med
- 3 kviste timian
- 5 kopper vand
- 2 fed hvidløg; hakket
- ½ tsk Hot Pepper Flakes
- ½ citron; juiced
- 1 citron; juiced
- ⅓ kop olivenolie
- 2 spsk frisk basilikum; hakket
- 24 ounce Laksesteaks

Vejbeskrivelse

a) Kom bønner, løg, gulerod, selleri, skinke, jalapenos, hele fed hvidløg, laurbærblad med timian og vand i en stor gryde. Lad det simre, indtil bønnerne er møre, cirka 2 timer, og tilsæt mere vand efter behov for at holde bønnerne dækket.

b) Fjern gulerod, selleri, krydderurter og hvidløg, og hæld den resterende kogevæske fra. Vend bønnerne med hakket hvidløg, peberflager og saften af ½ citron. Sæt til side.

c) Mens bønnerne koger, kombineres saften af en hel citron, olivenolie og basilikumblade. Hæld laksebøfferne over, og stil på køl i 1 time. Grill laksen over et moderat højt blus i 4-5 minutter på hver side, og drys med lidt af marinaden hvert minut. Server hver bøf med en portion bønner.

21. Firecracker grillet Alaska laks

Udbytte: 4 portioner

Ingrediens

- 46 oz. laksebøffer
- ¼ kop jordnøddeolie
- 2 spsk sojasovs

- 2 spsk balsamicoeddike

- 2 spsk Hakket spidskål

- $1\frac{1}{2}$ tsk brun farin

- 1 fed hvidløg, hakket

- $\frac{3}{4}$ tsk revet frisk ingefærrod

- $\frac{1}{2}$ tsk Røde chiliflager, eller mere til

- Smag

- $\frac{1}{2}$ tsk sesamolie

- $\frac{1}{8}$ tsk salt

Vejbeskrivelse

a) Læg laksebøfferne i et glasfad. Pisk de resterende ingredienser sammen og hæld over laksen.

b) Dæk med plastfolie og mariner i køleskabet i 4 til 6 timer. Varm grillen op. Fjern laksen fra marinaden, pensl grillen med olie og læg laksen på grillen.

c) Grill ved medium varme i 10 minutter pr. tomme tykkelse, målt på den tykkeste del, vend halvvejs gennem tilberedningen, eller indtil fisken lige flager, når den testes med en gaffel.

22. Flash grillet laks

Udbytte: 1 portioner

Ingrediens

- 3 ounces laks

- 1 spsk Olivenolie
- ½ citron; saft af
- 1 tsk purløg
- 1 tsk Persille
- 1 tsk Friskkværnet peber
- 1 spsk sojasovs
- 1 spsk ahornsirup
- 4 æggeblommer
- ¼ pint fiskefond
- ¼ pint hvidvin
- 125 milliliter Dobbelt creme
- Purløg
- Persille

Vejbeskrivelse

a) Skær laksen i tynde skiver og kom den i en beholder med olivenolie, ahornsirup, sojasauce, peber og citronsaft i 10-20 minutter.

b) Sabayon: Pisk æg over en bain marie. Reducer hvidvin og fiskefond i en gryde. Tilsæt blandingen til æggehvider og pisk. Tilsæt fløde under stadig piskning.

c) Læg de tynde skiver laks på serveringsfadet og dryp lidt af sabayonen på. Stil kun under grillen i 2-3 minutter.

d) Fjern og servér straks med lidt purløg og persille.

23. Grillet laks og blækspruttblækpasta

Udbytte: 1 portioner

Ingrediens

- 4 200 g; (7-8 oz) stykker laksefilet
- Salt og peber
- 20 milliliter vegetabilsk olie; (3/4 oz)
- Olivenolie til stegning
- 3 finthakkede fed hvidløg
- 3 finthakkede tomater
- 1 finthakket forårsløg
- Krydderi
- 1 Broccoli

Vejbeskrivelse

a) Pasta: du kan købe blæksprutteblækposer hos en god fiskehandler ... eller bruge din yndlingspasta

b) Forvarm ovnen til 240øC/475øF/gasmærke 9.

c) Krydr stykkerne af laksefilet med salt og peber. Varm en slip-let pande op, og tilsæt derefter olie. Kom laksen i gryden og svits på hver side i 30 sekunder.

d) Flyt fisken over på en bageplade, og steg derefter i 6-8 minutter, indtil fisken flager, men stadig er lidt lyserød i midten. Lad hvile i 2 minutter.

e) Flyt fisken over på varme tallerkener og hæld saucen over.

f) Kog broccolien med pastaen i cirka 5 minutter.

g) Hæld lidt olie i gryden, tilsæt hvidløg, tomater og forårsløg. Steg ved svag varme i 5 minutter, tilsæt broccolien i sidste øjeblik.

24. Laks med grillede løg

GØR 8 TIL 10 SERVERINGER

ingredienser
- 2 kopper hårdttræflis, gennemblødt i vand
- 1 stor side opdrættet norsk laks (ca. 3 pund), stiftben fjernet
- 3 kopper Smoking Brine, lavet med vodka
- ¾ kop Rygende Rub

- 1 spsk tørret dildukrudt
- 1 tsk løgpulver
- 2 store rødløg, skåret i -tommer tykke runder
- ¾ kop ekstra jomfru olivenolie 1 bundt frisk dild
- Finrevet skal af 1 citron 1 fed hvidløg, hakket
- Groft salt og kværnet sort peber

Vejbeskrivelse

a) Læg laksen i en jumbo (2-gallon) lynlåspose. Hvis du kun har 1-gallons poser, så skær fisken i to og brug to poser. Tilsæt saltlage til posen/poserne, tryk luften ud og forsegl. Stil på køl i 3 til 4 timer.

b) Bland alt undtagen 1 spsk af rub med den tørrede dild og løgpulver og sæt til side. Læg løgskiverne i blød i isvand. Opvarm en grill til indirekte lav varme, omkring 225iF, med røg.

Dræn træfliserne og kom dem på grillen.

c) Fjern laksen fra saltlagen og dup tør med køkkenrulle. Kassér saltlagen. Beklæd fisken med 1 spsk af olien og drys den kødfulde side med rub, der har tørret dild i den.

d) Løft løgene fra isvandet og dup dem tørre.
Overtræk med 1 spsk af olien og drys med de resterende 1 spsk rub. Stil fisk og løg til side og hvile i 15 minutter.

e) Pensl grillristen og gnid godt med olie. Læg laksen med kødsiden nedad direkte over varmen og grill i 5 minutter, indtil overfladen er gyldenbrun. Brug en stor fiskespatel eller to almindelige spatler, vend fisken med skindsiden nedad og placer den på grillristen væk fra ilden. Læg løgskiverne direkte over bålet.

f) Luk grillen og kog indtil laksen er fast på ydersiden, men ikke tør og spændstig i midten, cirka 25 minutter. Når den er færdig, vil fugt perle gennem overfladen, når fisken forsigtigt presses. Det må ikke flage helt under tryk.

g) Vend løgene én gang i løbet af stegetiden.

25. Ceder planke laks

Serverer: 6

ingredienser

- 1 ubehandlet cedertræ planke (ca. 14" x 17" x 1/2")
- 1/2 kop italiensk dressing
- 1/4 kop hakkede soltørrede tomater
- 1/4 kop hakket frisk basilikum

- 1 (2 - pund) laksefilet (1 tomme tyk), skindet fjernet

Vejbeskrivelse

a) Nedsænk cedertræsplanken fuldstændigt i vand, og læg en vægt ovenpå for at holde den helt dækket. Læg i blød mindst 1 time.

b) Forvarm grillen til medium - høj varme.

c) Kombiner dressing, soltørrede tomater og basilikum i en lille skål ; sæt til side.

d) Fjern planken fra vandet. Læg laks på planke; læg på grillen og luk låget. Grill 10 minutter og pensl derefter laksen med dressingblandingen. Luk låget og grill 10 minutter mere, eller indtil laksen let flager med en gaffel.

26. Røget hvidløgslaks

Serverer 4

ingredienser
- 1 1/2 lbs. laksefilet
- salt og peber efter smag 3 fed hvidløg, hakket
- 1 kvist frisk dild, hakket 5 skiver citron
- 5 kviste frisk dild

- 2 grønne løg, hakket

Vejbeskrivelse
a) Forbered ryger til 250 ° F.
b) Spray to store stykker aluminiumsfolie med madlavningsspray.
c) Læg laksefilet oven på det ene stykke folie. Drys laks med salt, peber, hvidløg og hakket dild. Arranger citronskiver ovenpå fileten og læg en kvist dild oven på hver citronskive. Drys filet med grønne løg.
d) Ryg i cirka 45 minutter.

27.	Grillet laks med friske ferskner

Portioner: 6 portioner

ingredienser

- 6 laksefileter, 1 tomme tykke
- 1 stor dåse fersken i skiver, lys sirupsort
- 2 spsk hvidt sukker
- 2 spsk let sojasovs

- 2 spsk dijonsennep
- 2 spsk usaltet smør
- 1 1-tommers frisk ingefærknop, revet
- 1 spsk olivenolie, ekstra jomfru variant
- Salt og peber efter smag
- Friskhakket koriander

Rutevejledning:

a) Dræn de skivede ferskner og gem omkring 2 spiseskefulde lys sirup. Skær ferskerne i mundrette stykker.

b) Læg laksefileterne i et stort ovnfast fad.

c) I en mellemstor gryde tilsættes den reserverede ferskensirup, hvidt sukker, sojasauce, dijonsennep, smør, olivenolie og ingefær. Fortsæt med at røre ved svag varme, indtil blandingen tykner en smule. Tilsæt salt og peber efter smag.

d) Sluk for varmen og fordel lidt af blandingen i laksefileterne generøst ved at bruge en drypningspensel.

e) Kom de skivede ferskner i gryden og dæk dem grundigt med glasuren. Hæld de glaserede ferskner over laksen og fordel jævnt.

f) Bag laksen i omkring 10-15 minutter ved 420F. Hold godt øje med laksen, så retten ikke brænder på.

g) Drys lidt friskhakket koriander før servering.

28. Røget laks og flødeost på toast

Portioner: 5 portioner

ingredienser

- 8 franske baguette- eller rugbrødsskiver

- ½ kop flødeost, blødgjort

- 2 spsk hvidløg, skåret i tynde skiver

- 1 kop røget laks, skåret i skiver

- ¼ kop smør, usaltet variant

- ½ tsk italiensk krydderi

- Dildblade, finthakket

- Salt og peber efter smag

Rutevejledning:

a) Smelt smør i en lille stegepande og tilsæt gradvist italiensk krydderi. Fordel blandingen i brødskiverne.

b) Rist dem i et par minutter ved at bruge en brødrister.

c) Fordel lidt flødeost på det ristede brød. Top derefter med røget laks og tynde skiver rødløg. Gentag processen indtil alle de ristede brødskiver er brugt.

d) Overfør til et serveringsfad og pynt finthakkede dildblade ovenpå.

29. Ingefærgrillet laksesalat

Udbytte: 4 portioner

ingredienser

- ¼ kop fedtfri yoghurt
- 2 spsk finthakket frisk ingefær

- 2 fed hvidløg, finthakket
- 2 spsk Frisk limesaft
- 1 spsk Friskrevet limeskal
- 1 spsk honning
- 1 spsk rapsolie
- ½ tsk salt
- ½ tsk Friskkværnet sort peber
- 1¼ pund laksefilet, 1 tomme tyk, skåret i 4 stykker, skind på, stiftben fjernet
- Brøndkarse & syltet ingefærsalat
- Limebåde til pynt

Rutevejledning:

a) I en lille skål piskes yoghurt, ingefær, hvidløg, limesaft, limeskal, honning, olie, salt og peber sammen.

b) Læg laksen i et lavvandet glasfad og hæld marinade over det, og vend laksen til at dække på alle sider. Dæk til og mariner i køleskabet i 20 til 30 minutter, vend en eller to gange.

c) Forbered i mellemtiden en kulild eller forvarm en gasgrill. (Brug ikke en grillpande, laksen sætter sig fast.) 3. Beklæd grillristen med olie med en langskaftet grillbørste.

d) Læg laksen med skindsiden opad på grillen. Kog i 5 minutter. Brug 2 metalspatler, vend forsigtigt laksestykkerne og kog lige indtil de er uigennemsigtige i midten, 4 til 6 minutter længere.
Fjern laksen fra grillen med 2 spatler. Slip huden af.

e) Vend brøndkarsesalat med dressing og fordel på 4 tallerkener. Top med et stykke grillet laks. Pynt med limebåde. Server straks.

30. Grillet laks med fennikelsalat

Udbytte: 2 portioner

Ingrediens

- 2 140 g laksefileter
- 1 fennikel; fint skåret
- ½ pære; fint skåret

- Et par stykker valnødder
- 1 knivspids knust kardemommefrø
- 1 appelsin; segmenteret, juice
- 1 bundt koriander; hakket
- 50 gram Let fromage frais
- 1 Knip pulveriseret kanel
- Stensalt i flager og formalet sort peber

Vejledning:

a) Krydr laksen med salt og peber og grill under grillen.

b) Bland pæren med fennikel og smag til med rigeligt sort peber, kardemomme og valnødder.

c) Blend appelsinsaft og -skal med fromage frais og tilsæt lidt kanel. Læg en bunke fennikel i midten af tallerkenen og snør laksen ovenpå. Pynt ydersiden af tallerkenen med appelsinsegmenter og dryp med orange fromage frais.

d) Fennikel reducerer alkoholens toksinvirkninger i kroppen og er en god fordøjelse.

31. Grillet laks med kartoffel & brøndkarse

Udbytte: 6 portioner

Ingrediens

- 3 pund Lille rød tyndhudet
- Kartofler
- 1 kop rødløg i tynde skiver

- 1 kop krydret riseddike
- Omkring 1/2-pund brøndkarse
- Skyllet og sprødt
- 1 laksefilet, ca. 2 lbs.
- 1 spsk sojasovs
- 1 spsk Fast pakket brun farin
- 2 kopper Alder eller mesquite flis
- Opblødt i vand
- Salt

Rutevejledning:

a) I en 5-til 6-quart gryde bringes omkring 2 liter vand i kog over høj varme; tilsæt kartofler. Dæk og lad det simre ved lav varme, indtil kartoflerne er møre, når de er gennemboret, 15 til 20 minutter. Dræn og afkøl.

b) Læg løgene i blød i cirka 15 minutter i koldt vand, så de dækker. Dræn og bland løg med riseddike.
Skær kartofler i kvarte; tilføje til løg.

c) Klip de møre brøndkarsekviste fra stænglerne, og hak derefter nok af stænglerne fint til at lave ½ kop (kassér ekstramateriale eller gem til anden brug). Bland hakkede stængler på et stort ovalt fad med kartoffelsalat ved siden af; dæk til og opbevar køligt. Skyl laks og dup tør. Læg med skindsiden nedad på et stykke kraftig folie. Skær folie til at følge fiskens konturer, efterlad en 1-tommers kant.

d) Krymp kanterne af folien for at passe op mod kanten af fisken. Bland sojasauce med farin og pensl på laksefileten.

e) Læg fisken på midten af grillen, ikke over kul eller ild. Dæk grillen til (åbne ventilationsåbninger til trækul) og kog, indtil fisken næsten ikke er uigennemsigtig i den tykkeste del (skåret for at prøve), 15 til 20 minutter. Overfør fisk til fad med salat. Tilsæt salt efter smag. Serveres varm eller kold.

KARRIELKS

32. Karry Lakse-Risbrød

ingredienser

- 1 dåse (17 1/2 ounce) laks
- 1/3 kop hakkede grønne løg
- 2 tsk karrypulver
- 1 spsk citronsaft
- 1 spsk cidereddike
- 1 spsk hakket eller pulveriseret hvidløg
- 3 kopper kogte ris
- Salat

Rutevejledning:

a) Flage laks. Fjern hud og knogler. Tilsæt laks, grønne løg, karrypulver, citronsaft, cidereddike og hvidløg til ris. Bland godt.
b) Pak den i plastikbeklædt brødform og stil den i køleskabet i flere timer.
c) Når den er klar til servering, løsnes den på salatbeklædt fad. Giver 4 portioner.

33. Krydret laks og nudelsuppe

Portioner: 4 portioner

ingredienser

- 4 laksefileter, 1 tomme tykke

- 2 kopper kokosmælk

- 3 kopper grøntsagsfond, hjemmelavet eller instant sort

- 200 gram nudler i asiatisk stil eller risnudler

- 5 spsk hvidløg, hakket

- 2 store hvide løg, fint skåret

- 2 store røde chilipeber, finthakket og fritstillet

- 1 1-tommers frisk ingefærknop, skåret i tynde skiver

- 3 spiseskefulde rød karrypasta

- 1 spsk vegetabilsk olie

- ½ kop forårsløg, finthakket

- Håndfuld koriander, finthakket

- Salt og peber efter smag

Rutevejledning:

a) Varm vegetabilsk olie op i en stor gryde ved lav til medium varme. Tilsæt hakket hvidløg, hvidløg, chilipeber, ingefær og rød karrypasta i et par minutter, indtil hele blandingen dufter.

b) Hæld kokosmælk og grøntsagsfond i den sauterede blanding. Bring bouillonen langsomt op i 5-8 minutter.

c) Kom laksen og nudlerne i gryden og kog i 5-8 minutter. Tjek nudlernes tilberedningstid ud fra pakkens anvisninger og juster derefter. Sørg for, at laksen ikke bliver overstegt.

d) Kom forårsløg og korianderblade i gryden og sluk for varmen. Smag til med salt og peber.

e) Kom straks over i individuelle skåle og pynt med mere koriander og/eller forårsløg.

PANDESURET LAKS

34. Laks med estragon dild flødesauce

ingredienser

Laksefileter

- 1 1/2 lb. Laksefilet
- 3/4-1 tsk tørret estragon
- 3/4-1 tsk Tørret Dild Ukrudt
- 1 spsk andefedt
- Salt og peber efter smag

Flødesauce

- 2 spiseskefulde smør
- 1/4 kop Heavy Cream
- 1/2 tsk tørret estragon
- 1/2 tsk Tørret Dild Ukrudt
- Salt og peber efter smag

Rutevejledning:

a) Skær laksen i halve for at skabe 2 1/4 lb. fileter. Krydr kød af fisk med estragon, dild, samt salt og peber. Vend rundt og krydr kun skindet med salt og peber.

b) Opvarm 1 spsk andefedt i en keramisk støbejernsgryde over medium varme (eller en anden pande, der holder godt på varmen). Når den er varm tilsættes laks med skindsiden nedad.

c) Lad laksen koge i 4-6 minutter, mens skindet bliver sprødt. Når skindet er sprødt, skru ned til lav varme og vend laksen.

d) Kog laksen, indtil den er færdig. Generelt cirka 7-15 minutter ved lav varme.

e) Valgfrit: Kog eventuelt på siderne i 20-40 sekunder for at få mørkere kanter.

f) Fjern laksen fra gryden og stil til side. Tilsæt smør og krydderier på panden og lad det brune. Når det er brunet tilsættes flødeblandingen sammen.

g) Server med broccoli eller asparges (eller dit yndlings tilbehør) og vær gavmild med flødesauce. Pynt med en lille mængde rød peberflager.

35. Sort laks

ingredienser

- 6 laksefileter, 1/2 - 3/4 tomme tykke, flåede
- 2 1/2 kopper usaltet smør eller margarine
- 1/2 kop frisk citronsaft
- 1 1/2 tsk cayennepeber
- 1 tsk salt
- 2 tsk friskkværnet sort peber
- 1 spiseskefuld tørret timian

- Citronbåde og persille til pynt

Rutevejledning:

a) Skær de tynde kanter af fileterne af, da de brænder på. Dup tør og stil på køl, indtil den skal tilberedes. Smørsaucen klæber bedre til kolde fileter.

b) I en kraftig 3-quart støbejernsgryde ved middel varme, smelt smør, tilsæt citronsaft, cayennepeber, salt, sort peber og timian. Rør for at blande; køligt til lunkent.

c) Placer en tom 10-tommer støbejernsgryde over høj varme, indtil bunden har en klar hvid tåge og begynder at ryge lidt. Fjern fisk fra køleskabet; dyp 1 filet i varm smørsauce, overtræk godt. Læg fisken i en varm stegepande, og pas på, at spyt og stænk ikke brænder dig. Fisk vil svitse og koge næsten med det samme. Vend fileten om; sort den anden side. Gentag med de resterende fileter.

d) Reserver den resterende smørsauce. Efterhånden som fileter koges, læg dem på individuelle tallerkener; holde varmen. Kassér ophobet smørsauce i stegepande og forkullede stykker mellem partierne.

e) Når alle fileter er kogt, tørres stegepanden af og den tomme stegepande stilles tilbage på varmen. Tilføj reserveret smørsauce; hvirvl forsigtigt panden 5 eller 6 gange for at gøre smørret svært. Fjern panden fra varmen; dryp smør over hver filet. Pynt og server varm.

36. Pandestegt laks med zucchinipesto

ingredienser

Zucchini Pesto

- 3 modne mellemstore tomater, udkernede og delte i kvarte
- 2 spsk ekstra jomfru olivenolie
- 1 mellemstor gult løg, finthakket

- 1 fed hvidløg, meget fint hakket
- 1 rød peberfrugt - halveret, frøet og skåret i ¼-tommers stykker
- 2 mellemstore zucchini, ender trimmet og zucchini skåret i ¼-tommer stykker
- 1 kvist frisk rosmarin
- 1 kvist frisk timian
- 1 tsk kosher salt

Laks

- Fire 6- til 8-ounce laksefileter, stiftben fjernet
- 1 tsk kosher salt
- 1 tsk friskkværnet sort peber
- 1 spsk ekstra jomfru olivenolie

Vejbeskrivelse

a) Lav zucchinipestoen: Tilsæt tomatkvarterne i en blender, og purér, indtil den er glat. Sæt til side. I en stor stegepande sat over medium-høj

   varme, tilsæt de 2 spsk olivenolie og den løg.

b) Kog, omrør ofte, indtil løget er gennemsigtigt, 2 til 3 minutter. Tilsæt hvidløg og rør indtil dufter, cirka 30 sekunder. Reducere varmen til middel-lav og tilsæt den røde peberfrugt under omrøring af og til, indtil den begynder at blive blød, cirka 10 minutter.

c) Rør zucchinien i, og kog indtil den begynder at blive blød, cirka 8 minutter. Tilsæt de blendede tomater og lad det simre ved svag varme, indtil pestoen ser tyk ud og er reduceret til det halve, cirka 35 minutter.

d) Tilsæt rosmarin og timiankviste og lad det simre i 5 minutter. Sluk for varmen og kassér rosmarin og timian. Smag til med 1 tsk salt.

e) Tilbered laksen: Brug køkkenrulle til at tørre begge sider af hver laksefilet. Krydr fileterne med 1 tsk salt og sort peber. Tilsæt 1 spsk olivenolie i en stor stegepande over høj varme. Når olien begynder at flimre, tilsættes 2 af laksefileterne med skindsiden nedad.

f) Kog laksen uden at flytte fileterne, indtil skindet er brunet, cirka 4 minutter. Brug en fiskespatel til forsigtigt at vende hver filet om, og stege indtil midten af fileterne er halvfaste, ca. 3 minutter mere. Overfør til en tallerken og gentag med de resterende 2 laksefileter. Server med zucchinipestoen.

37. Prosciutto/Lakse Wraps

ingredienser

- 2 avocadoer, frøet og skrællet
- 8 skiver hver prosciutto og røget laks
  Frisk citron eller lime
- Skær hver avocado i 8 skiver. Indpak dem diagonalt med en prosciutto eller lakseskive. Anret wraps på serveringsfad, pynt med citron eller lime og server.

Laksekroketter

- 15 oz. Dåse rød eller lyserød laks, drænet
- 1 lille løg, finthakket
- 1 tsk frisk citronsaft
- 1 æg, let pisket
- 12-15 Salte kiks, knust
- ¼ teskefuld stødt peber
- 2 teskefulde frisk persille, hakket (valgfrit)
- ¼ kop rapsolie

Rutevejledning:

a) Mos afdryppet laks i en skål. Tilsæt hakket løg, citronsaft, æg, peber og, hvis det ønskes, persille. Bland forsigtigt. Form til seks kroketter (frikadeller).

b) Knus saltene mellem to ark vokspapir med en kagerulle. Sæt hver kroket i krummerne, tryk forsigtigt for at sikre, at krummerne klæber sig, drej for at dække begge sider.

c) Varm olie i stegepande over medium varme. Steg kroketterne på den ene side, indtil de er gyldenbrune, vend derefter forsigtigt og steg den anden side. Serverer 4 til 6, afhængig af appetit.

38. Laksepostej

ingredienser

- 1 kop laks, i flager
- 1 stk. (8 oz.) flødeost, stuetemperatur
- 1 spsk frisk citronsaft
- 1 tsk tilberedt peberrod
- 1 tsk løg, revet
- 1/4 tsk salt

- 1/8 tsk peber
- 1/8 tsk flydende røg

Pynt:

- mandelskiver
- persille
- Oliven
- Selleri

Rutevejledning:

a) Bland laks med alle de øvrige ingredienser. Tryk i en fiskeformet form eller form i hånden som sådan.
b) Pynt fisken med mandelskiver, så de ligner skæl. Skær grøn oliven til øjet og tynde strimler af selleri til halen. Pynt toppen med persille.
c) Afkøl mindst 1 time før servering.

39. Krydderi-gnidet laks med sauteret

Grønne

ingredienser

- 4 4-ounce laksefileter
- 1 spsk fennikelfrø
- 1 tsk korianderfrø
- 1 spsk citronsaft
- 2 spsk olivenolie

- salt og peber efter smag

- citron eller lime skiver (valgfrit)

Rutevejledning:

a) Skyl laksefileterne og trim/udben evt. Læg i en stor skål.

b) Brug en krydderikværn eller morter og støder til at male koriander og fennikelfrø groft sammen.

c) Tilsæt frø, salt og peber, citronsaft og olie til fisken og gnid krydderierne ind i hver side af laksefileterne. Lad sidde i et par minutter, mens du skruer din ovns slagtekyllinger til høj.

d) Læg fisken på en beklædt bageplade, topping med citron- eller limeskiver, hvis det ønskes. Steg i 6 minutter, vend halvvejs.

40. Røget laks og røræg

Serverer: 2

ingredienser
- 8 friske æg
- En klat smør
- 150g pakke røget laks
- Salt og peber
- 2 skiver surdejsbrød **Rutevejledning:**

a) Forvarm stegepande. Varm din slip-let pande forsigtigt op og tilsæt en klat smør. Og tilsæt dine sammenpiskede æg. Kog forsigtigt og rør rundt.

b) Fortsæt med at koge i et par minutter, mens den stadig er lige understegt. Rist brødet til det er pænt forkullet på hver side. Når æggene tykner, krydr med salt og peber og læg æggene over ristet brød. Top med røget lakseskiver.

c) Server med en god skive citron og friskkværnet sort peber.

41. Røget laks med dild-citron-aioli

ingredienser

- ryger chips
- 1-1/2 lb. frisk udbenet laksefilet, ca 1 tomme tyk
- saft af 1/2 lime
- 2 spsk hvidvin
- 1 spsk mayonnaise
- 1/2 tsk kosher salt
- 1/2 tsk løgpulver
- 1/2 tsk hvidløgspulver
- 1/2 tsk citronpeber
- 1/2 tsk tørret oregano
- 1/2 tsk tørret dildukrudt
- 1/4 tsk paprika

Rutevejledning:

a) Drys rygechips over bunden af rygeren. Placer dryppanden over chips. (Lin dryppanden med folie for lettere rengøring, men sørg for, at folien presses tæt til panden, så du ikke forstyrrer røgens luftstrøm.)

b) Pensl grillristen med vegetabilsk olie og læg den i en drypbakke. Læg fisken på en rist.

c) Pres lime over laksen. Dryp med vin. Bland de resterende ingredienser, pensl blandingen på toppen af fisken.

d) Placer rygeren over den ene komfurbrænder så jævnt som muligt. Varm ryger på mellemhøjt og forskudt låg, så den ikke er tæt lukket. Når røgstrå begynder at komme gennem åbningen, skal du genplacere låget, så det er tæt lukket.

e) Kog 15 til 25 min., afhængig af fiskens tykkelse. Fisken skal lige knap give til

berøringen, som en mellemstegt bøf. Lad hvile 5 min. inden servering med aioli.

42. Soja-ingefærmarineret laks

ingredienser

- 4 laksefileter eller bøffer
- Marinade

- Citronbåde, valgfri

Marinade:
- 1 kop sake (japansk risvin)

- 1/2 kop naturlig sojasovs eller tamari (helst reduceret natrium)
- 1 spsk frisk revet ingefær
- 2 fed friske hvidløg, presset
- 1 spsk mørk brun farin

Rutevejledning:

a) Lav marinaden ved at piske ingredienserne til marinaden sammen i en lille skål.

b) Skyl laksefileterne under koldt vand, og læg dem i et glas- eller keramisk fad. Hæld marinaden over fisken. Dæk fadet til, og lad fisken marinere i køleskabet i flere timer (ca. en til tre timer).

c) Mindst en eller to gange i løbet af denne tid, tjek fisken og hæld marinaden over eventuelle udsatte dele af fileterne.

d) Fyr grillen, eller forvarm slagtekyllingen til høj varme.

e) Dræn fisken og læg på folie på grill eller rist i ovnen. Kog indtil den ønskede færdighed, (fiskeflager nemt og er uigennemsigtige), men pas på ikke at overkoge.

f) Server med det samme, med citronbåde som pynt, hvis du har lyst. For et komplet, tilfredsstillende

måltid, tilsæt ris og en salat eller dampede grøntsager.
g) Gør fire portioner.

43. Sød laks med ingefær og spidskål

ingredienser

- 2 (1-tommer tykke) laksefileter
- 2 spidskål, skåret i 2-tommer lange strimler
- 1/4 kop ingefær, skåret i 1/4-tommer tykke bidder
- 1 1/2 spsk olivenolie

- 1/4 kop hvidvin, risvin eller sød sake
- 1/2 kop vand
- 1 spsk sojasovs
- 1 tsk granuleret sukker
- Salt og peber
- Sesamolie (valgfrit)

Rutevejledning:

a) Varm olie i panden ved høj varme. Salt og peber begge sider af laksefileterne.

b) Læg fileterne i panden med skin-siden nedad og forstyr ikke. Kog ved høj i 40 sek. Skru ned for varmen til middelhøj og fortsæt med at koge i 3 minutter.

c) Vend fileterne og steg i yderligere 2 minutter. Fjern fileterne fra panden og læg dem på en tallerken.

d) Skru op for varmen igen og tilsæt ingefær og spidskål. Kog til det er lidt mørt (ca. 1 minut). Tilsæt vin og afglasér panden. Tilsæt sojasovs, vand og sukker. Bring det i kog, og reducer derefter varmen for at simre.

e) Læg forsigtigt laksefileterne tilbage i gryden og lad det simre, indtil laksen er gennemstegt (ca. 2

minutter). Dryp med et par dråber sesamolie, hvis det ønskes.

Serverer 2 til 3.

44. Smørgrillet Laks

ingredienser

- 6--8 lb. hel laks, renset
- salt og peber efter smag
- 2 kopper hakkede svampe ● 1 kop hakkede grønne løg ● 2 spiseskefulde hakket persille
- 1/2 kop revet parmesanost Revet skal og saft af 1 citron

- 1/2 kop (1 stok) smør eller margarine, smeltet 4-5 citronskiver
- saucer: smør, chili-ost eller tatar

Rutevejledning:

a) Fjern hovedet fra laksen, hvis det ønskes. Placer laks på dobbelt tykkelse af bred folie, og sørg for, at folien er tre til fire tommer længere end fisk i hver ende. Drys fisk indvendigt og udvendigt med salt og peber efter smag. Kombiner svampe, løg, persille, ost, citronskal og saft.

b) Hæld blandingen i fiskehulen. Hæld smør over fisken og top med citronskiver. Dæk med en anden tykkelse folie og luk forsigtigt alle sider helt. Placer på grill fire til seks

tommer fra glødende kul. Vend efter 30 minutter og kog 20 til 30 minutter længere.

c) Hvis du laver mad på røggrill, skal du åbne folien i de sidste ti minutter og lukke grilllåget, så røgsmag trænger ind i fisken.

d) Server med valg af saucer. Gør 10 til 12 portioner.

45. Lakse-Broccoli Brød med Dild og Kapers

ingredienser

- 1 kop løst pakket persillekviste, vasket og tørret på køkkenrulle

- 6 skiver hvidt brød med fast tekstur
- 2 kop 1/2 tomme terninger af broccolistængler
- 1 mellemstor gult løg, skåret i tynde tern
- 1 3/4 pund kogt eller udbenet laks på dåse
- 1/3 kop drænede kapers
- 2/3 kop let fløde
- 4 æg
- 2 spiseskefulde snittet frisk dild
- Finrevet skal af 1/2 citron
- 1/8 tsk friskkværnet sort peber

Rutevejledning:

a) Hak persille fint i foodprocessor udstyret med metalkniv, med 5-6 on-offs på motoren; tøm i en stor røreskål. Smuldr nu brødet 2 skiver ad gangen, med to eller tre 5- eller 6-kærninger af motoren; tilføje til skål.

b) Dump alle broccoli stilke i processor; hak meget fint med omkring tre 5-sekunders udbrud; tilføje til skål.

c) Processor-hak løget -- 3 o4 4 bursts vil gøre det -- tilsæt til skålen.

d) Flak laksen i tre partier -- 2 on-offs vil være nok. Tilsæt til røreskålen sammen med alle resterende ingredienser.

e) Bland v grundigt, pak blandingen fast i en godt smurt 9x5x3 tommer brødform og bag i en langsom ovn (300 grader F.) i ca. 1 time og 40 minutter, eller indtil brødet begynder at trække fra siderne af formen og er fast til berøringen.

f) Tag brødet ud af ovnen og lad det stå oprejst i sin form på en rist i 30 minutter.

g) Løsn forsigtigt brødet rundt om med en tyndspatel, og vend derefter forsigtigt på et stort serveringsfad.

46.   **Laks i Vodka Flødesauce**

ingredienser

- 8 spsk smør
- 1 løg, skåret i tynde skiver
- 1 pund spinat
- 6 6-ounce laksefileter
- salt og friskkværnet peber
- 3 spsk olivenolie
- 1 1/2 dl piskefløde

- 1/2 kop vodka
- 2 spsk grønne peberkorn i vand, drænet og knust
- 3 spsk frisk limesaft
- 1/4 kop klippet frisk purløg

Rutevejledning:

a) Forvarm ovnen til 350F. Kombiner 4 spsk smør og løg i en stor hollandsk ovn. Dæk til og bag, indtil løget er gyldent brunt, omrør lejlighedsvis, cirka 45 minutter.

b) Rør spinat i løg og bag indtil det lige er visnet, cirka 3 minutter.

c) Fjern fra ovnen; holde varm.

d) Smag laksen til med salt og peber. Opvarm olien i en stor gryde ved høj varme. Tilsæt laks

i partier og kog ca. 3 minutter på hver side til medium. Overfør til fad. Telt med folie for at holde varmen. Hæld overskydende olie fra stegepanden.

e) Tilsæt fløde og vodka og kog til det er let tyknet, cirka 4 minutter. Tilsæt grønne peberkorn og de resterende 4 spsk smør og rør, indtil smørret lige er smeltet. Bland limesaft i, smag til med salt og peber.

f) Fordel spinat- og løgblandingen mellem tallerkener. Top hver med laksefilet. Hæld sauce over.
Drys med klippet frisk purløg.

47.   Laks med basilikumflødesauce

ingredienser

- 2 lbs. laksefileter
- 1 1/2 T usaltet smør
- 3 skalotteløg, pillede og hakkede
- 1 fed hvidløg, pillet og hakket
- 1 1/2 kop hakket frisk basilikum
- 1/4 kop hakket frisk persille

- 3/4 kop tør hvidvin

- 1/3 kop let fløde
- 1T friskpresset citronsaft
- 1/4 t friskkværnet hvid peber
- 1/4 t salt, eller efter smag

Rutevejledning:

a) Skær laksen i 6 lige store portionsstykker, vask og dup tør på køkkenrulle. Smelt smørret i en stor stegepande over medium-høj varme.
   Svits laksen på hver side i cirka 2 til

b) 3 minutter, og hold centret lidt sjældent, da fisken vil fortsætte med at koge, efter at den er taget af panden. Fjern fisken fra panden med en hulspartel og hold den varm.

c) Reducer varmen til lav og tilsæt skalotteløg og hvidløg i gryden. Sauter under jævnlig omrøring, for
5 minutter

d) Tilsæt basilikum, persille, vin, fløde, citronsaft, peber og salt til gryden og kog over medium varme under jævnlig omrøring, indtil blandingen er reduceret til det halve. Smag til efter krydderier, tilsæt peber og salt efter behov.

e) Til servering skal du varme fisken lidt op i saucen og derefter servere saucen rundt om laksefileterne.

48. Laks med Crema & Chipotle Salsa

ingredienser

a) Skyl og tør hver laksefilet. Det er ikke nødvendigt at fjerne skindet fra fileterne. Tjek for nåleben ved at køre fingerspidserne over kødsiden af fileten. Brug en tang eller en pincet til at fjerne eventuelle knogler.

b) I en lille skål røres oregano, basilikum og persille sammen. Klap krydderurterne på kødsiden af hver filet og dækker godt. Stil på køl indtil klar til at koge.

c) For at forberede cremaen skal du kombinere spidskommen og korianderfrø i en lille, tør sauterpande ved middel varme. Rist frøene, ryst panden ofte, indtil aromaerne frigives, cirka 2 minutter.

d) Fjern fra varmen og lad afkøle. Læg krydderierne i en krydderimølle eller kaffekværn og kværn for at pulverisere frøene. Alternativt kan du pulverisere i en morter med en støder.

e) I en lille skål kombineres de formalede frø med alle de resterende crema-ingredienser. Lad sidde i 30 minutter, så smagene kan udvikle sig og blande sig. Hæld gennem en finmasket si i en skål for at fjerne korianderbladene. Du vil have omkring 1 kop.

f) For at tilberede salsaen skal du placere alle ingredienserne, undtagen olivenolien, i en foodprocessor udstyret med metalkniven eller i en blender. Blend grundigt.

g) Mens motoren kører, hæld langsomt olivenolien i i en tynd, jævn stråle, og fortsæt med at behandle, indtil en mayonnaise-lignende sauce er

opnået. Overfør til en skål, dæk til og stil på køl indtil servering. Du vil have omkring 1 1/4 kopper.

h) Cirka 15 minutter før servering placeres en sauterpande, der er stor nok til at rumme laksen, med plads til overs, over medium varme. Tilsæt olivenolien. Når olien lige ryger, lægges fileterne i gryden med urtesiderne nedad. laver mad

i) 4 til 5 minutter, vend derefter og steg på den anden side, indtil de er færdige, 4 til 5 minutter længere.

j) For at servere, hæld cremaen på individuelle tallerkener, og fordel den ligeligt mellem dem. Læg 1 laksefilet på hver tallerken med urtesiderne opad for at dække halvdelen af cremaen.

k) Dryp salsaen dekorativt på fileten og derefter på den synlige halvdel af cremaen.

49. Krydret laks og aubergine

ingredienser

- 3 friske laksebøffer
- aubergine
- limefrugter
- citroner
- 1/8 kop olivenolie
- 1 tsk græsk eller italiensk krydderi 1/8 tsk varm rød peberflager Friskkværnet sort peber

Rutevejledning:

a) Fjern stilken og enden af aubergine og skær på en diagonal, skær skiver cirka 1/4-tommer tykke.

b) Læg laksebøffer og aubergineskiver i en stor, flad Tupperware-beholder. Skær citroner og limefrugter i halve og fjern saften.

c) Hæld juice i en separat skål. Rør olivenolie, krydderier, peberflager og kværnet peber i. Hæld over bøffer og aubergine. Dæk til og mariner i køleskabet i 1 til 1-1/2 time.

d) Vend bøfferne og omarranger aubergine til jævn marinering én gang under processen. Læg bøfferne på en varm grill og steg på begge sider, indtil de er færdige.

e) Tilføj aubergineskiver til grillen, når fisken er halvt kogt. Grill aubergineskiver på begge sider. Fjerne.

f) Server fisk og grøntsager med ris.

50.   Citrus Laks

ingredienser

- 1 lb. (500 g) laksefileter
- Salt og peber
- 1 spiseskefuld majsstivelse
- 1 spsk vand
- 2 spiseskefulde ufortyndet frossen appelsinjuice koncentrat
- 1 spsk citronsaft

- 1/4 kop brun farin

Pynt (valgfrit)

- 1 skive appelsin
- persille

Rutevejledning:

a) Drys begge sider af laksefileten med salt og peber. Bland majsstivelse og vand i en lille skål til en pasta. Tilsæt appelsinsaftkoncentratet, citronsaften og brun farin.

b) Rør blandingen godt, indtil alle ingredienserne er opløst. Sæt til side.

c) Hæld halvdelen af saucen i bunden af et fad til mikroovn. Læg laksefileten i fadet ovenpå sauce. Hæld den resterende sauce over laksen. Dæk fadet med plastfolie. Udluft for at tillade damp at slippe ud.

d) Mikroovn på høj i 7-10 minutter.

e) Fjern fra mikrobølgeovn og fjern plastfolie. Læg fileten på en tallerken.

f) Rør resten af saucen og hæld over fileten og pynt hvis det ønskes.

51. Thai laksepakker

(serverer 2)

ingredienser

- 2 4-5 oz laksefileter
- 4 plader filodej
- 1 oz. smørskal & saft 1 lime
- 1 tsk revet ingefær 1 fed hvidløg (trykket)

- 1 forårsløg (finhakket)
- 1 spsk frisk koriander (finhakket)
- salt peber

Rutevejledning:

a) Bland limeskal og -saft, hvidløg, forårsløg, ingefær og koriander sammen.

b) Smelt smør. Læg 1 ark filo ud, og pensl med smør. Læg det andet ark ovenpå, pensl med mere smør.

c) Læg en laksefilet ca. 2-3 cm fra bagsiden af bagværket, krydr efter smag og læg halvdelen af limeblandingen ovenpå. Fold den korte ende af dejen over laksen, og fold derefter de 2 lange sider ind.

d) Fold laksen over to gange mere, og skær den resterende wienerbrød af. Gør det samme med den anden filet.

e) Læg pakkerne på en godt smurt bageplade, og pensl lige før bagning med det resterende smør. Kog ved gasmærke 5 i 20-25 minutter, indtil de er brune og sprøde.

52. Røget laksedip

ingredienser

Let flødeost-1 pakke (8 oz.)
- Citronsaft - 3 spiseskefulde
- Fedtfattig mælk - 3 spiseskefulde
- Røget Alaska laks-1 pakke (8 til 12 oz.)
- Grønne løg i tynde skiver-1/4 kop Kiks eller
- Franskbrødsskiver - efter behov

Rutevejledning:

a) Bland flødeost med citronsaft og mælk, indtil det er let og luftigt. Rør laks og grønne løg i, indtil de er grundigt kombineret.
b) Sæt det sammen!
c) Fordel på kiks eller franskbrødsskiver. ●

53. Vildlaks, purløg og cheddargrill

Sockeye på dåse (rød) eller 1 høj (14,75 oz.)
- lyserød vild laks-7,5 oz. dåser
- Fedtfattig blød ost med hvidløg og urter-4 oz.

ingredienser
- Cheddar ost, revet - 2 oz.
- Hakket purløg - 1 spsk
- Surdej eller blandet frøbrød - 4 tykke skiver

Rutevejledning:

a) Dræn dåselaksen. Bræk laksen i stykker.

b) Tilsæt den bløde ost og omkring to tredjedele af cheddaren til laksen. Rør sammen med purløg.

c) Fordel lakseblandingen over brødskiverne. Drys det resterende over Cheddar over toppen, og sæt det derefter i brødristerovnen, indtil det er smeltet og bobler. Server med det samme.

-

54. Lakseburgere

Sockeye på dåse (rød) eller lyserød laks - 1 høj (14,75 oz.) eller 2 korte (7,5 oz.) dåser
- Æg - 1 stort
- Løg i tern (skåret i små stykker) - 1/2 kop

ingredienser
- Salt og peber efter smag
- Brødkrummer eller knuste kiks - 1/2 kop

Rutevejledning:

a) Dræn laksen grundigt. I skål, flager laks med gaffel. Tilsæt æg, løg, salt og peber og rasp. Blend grundigt indtil blandingen er næsten jævn.

b) Del ligeligt og form blandingen til fire bøffer.

c) Forvarm slagtekyllinger/ovn eller grill til medium-høj varme. Læg bøfferne på en spraybelagt bradepande eller velsmurt grill. Kog omkring 4 til 5 minutter på hver side.

d) Server på boller eller rundstykker.

55. Teriyaki Lakse Wrap

Rutevejledning:

a) Kombiner laksen i en stor skål (hvis du bruger dåse, dræn først), flødeost, teriyakisauce og peber, og rør grundigt for at kombinere.

b) Varm tortillaerne i en mikrobølgeovn på et køkkenrulle i cirka 10 sekunder hver.

c) Læg de varme tortillas på individuelle tallerkener og fordel 1/4 kop ris i midten af hver. Fordel 1/4 kop af lakseblandingen oven på risene, og top hver wrap med salat og eventuelle skiver af grøntsager.

d) Rul hver tortilla stramt rundt om fyldet fra bund til top, overlappende den ene ende, burrito-stil. Skær wrapsene i halve, hvis det ønskes, og server.

56. Laks med estragon dild flødesauce

ingredienser

Laksefileter

- 1 1/2 lb. Laksefilet
- 3/4-1 tsk tørret estragon
- 3/4-1 tsk Tørret Dild Ukrudt
- 1 spsk andefedt
- Salt og peber efter smag

Flødesauce

- 2 spiseskefulde smør
- 1/4 kop Heavy Cream
- 1/2 tsk tørret estragon
- 1/2 tsk Tørret Dild Ukrudt
- Salt og peber efter smag

Rutevejledning:

a) Skær laksen i halve for at skabe 2 1/4 lb. fileter. Krydr kød af fisk med
b) estragon, dildukrudt og salt og peber. Vend rundt og krydr hud med
c) kun salt og peber.

d) Opvarm 1 spsk andefedt i en keramisk støbejernsgryde over medium varme (eller evt

e) pande, der holder godt på varmen). Når den er varm tilsættes laks med skindsiden nedad.

f) Lad laksen koge i 4-6 minutter, mens skindet bliver sprødt. Når huden er

g) sprøde, skru ned til lav varme og vend laksen.

h) Kog laksen, indtil den er færdig. Generelt omkring 7-15

i) minutter ved svag varme.

j) Valgfrit: Kog eventuelt på siderne i 20-40 sekunder for at få mørkere kanter.

k) Fjern laksen fra gryden og stil til side. Tilsæt smør og krydderier til

l) pande og lad brune. Når det er brunet tilsættes flødeblandingen sammen.

m) Server med broccoli eller asparges (eller dit yndlings tilbehør) og vær gavmild med flødesauce. Pynt med en lille mængde rød peberflager.

57. Scandias Gravad Lax

ingredienser

- 1 (2 pund) stykke laks
- 3 spsk salt
- 3 spsk sukker
- 1 spsk knuste peberkorn
- 1/2 bundt dild
- Senneps-dild sauce

Rutevejledning:

a) Tø laks op, hvis den er frossen. Skær laks i halve på langs.

b) Fjern knogler. Bland salt, sukker og peberkorn. Gnid en halv krydderiblanding af 1 laksehalvdel og læg fisken med skindsiden nedad i et ovnfad. Fordel dild over.

c) Gnid den anden halvdel af laksen med den resterende krydderiblanding og læg den med skindsiden opad på den første laksehalvdel. Dæk med folie. Læg tallerken ovenpå fisken og vægt oven på tallerkenen. Stil på køl 48 timer.

d) Vend fisken hver 12. time, adskil fileterne lidt for at drysse med pandevæske. Når du er klar til servering, skrab du dild og krydderier væk. Læg fileterne med skindsiden nedad på skærebrættet.

e) Skær laksen diagonalt i tynde skiver væk fra skindet. Serveres koldt med senneps-dild sauce.

f) Gør 24 forretterportioner

58.   Fiske ryk

- 1/2 kop sojasovs
- 4 spiseskefulde. sukker
- 2 tsk revet frisk ingefær
- 1 fed hvidløg, hakket eller omkring 3/4 kop af din foretrukne kommercielle teriyaki sauce
- 2 lbs. frisk rå tun eller laks **Vejledning:**

a) Skær fisken i tynde strimler omkring 1/4" tykke, 1-2" brede og 3-5" lange.
b) Bland ingredienserne til marinade, hæld over fisken og mariner i ca. 6 timer.
c) Tør i ovn ved 145 grader i cirka 2 timer, og sænk derefter temperaturen til 130 grader, indtil den er tør. Gør omkring 1/2 lbs.
rykkende.

59. **Whisky kureret huon laks**

SERVER 8

Ingredienser:

- 250 g speget laksefrisk ostemasse
- 2 plader optøet butterdejsraket
    - 25 g usaltet smør revet parmesan
- 2 spsk brun farin citron

- 1 fransk skalotteløg eller lille løg
  olivenolie

- 1 fed hvidløg, knust

- Et par kviste hakket timian

- 4 mellemstore tomater • 7 eller
  deromkring druetomater

Rutevejledning:

a) Læg tomaterne med fladsiden nedad i en varm pande med olivenolie, så de får farve og skrumpes let. Når du har fået en flot farve, vend dem og steg videre på den anden side i et par minutter.

b) Forvarm ovnen til 200°C, og smelt derefter en lille klat smør for at dryppe de 2 plader optøet butterdej, læg derefter den ene plade oven på den anden, og tryk dem forsigtigt sammen for at lave en tyk plade. Du skal skære bagværket i en rund form, vær ikke for speciel, bare klip hjørnerne af.

c) Sæt din pande tilbage på lav varme og tilføj lidt mere olivenolie og en klat smør til panden. Svits 1 finthakket fransk skalotteløg, timian og presset hvidløg i et par minutter. Rør derefter brun farin i, skru lidt op for varmen og lad blandingen karamellisere, men ikke brænde på.

d) Det er nu tid til at samle, så læg de stegte tomater med forsiden nedad i midten af gryden oven på løgblandingen og tilføj så de mindre druetomater imellem de store.

e) Dæk tomaterne med butterdejen og form kanterne rundt om tomaterne, så de danner en flad tærte på hovedet i midten af gryden. Sørg for, at du laver tre små udskæringer i toppen af dejen med en kniv, dette vil hjælpe med at frigøre yderligere fugt, der er kogt af tomaterne.

f) Flyt gryden ind i den forvarmede ovn og bag i 30 minutter ved 200°C. Noget fugt løber fra tomaterne og kan spildes fra panden, så det er bedst at placere en bageplade under panden for at fange dryppene. Når du tager dejen ud af ovnen, skal dejen være let gylden, med karamelliserede kanter.

g) Lad tærten køle af i 5 minutter, løsn tærtens kanter med en pallekniv og læg derefter en tallerken på hovedet over tærten og vend panden forsigtigt med pladen. Brug pallekniv til at adskille tærten, hvis det er nødvendigt, mens du løfter panden.

h) Bræk fårets ostemasse op over tarte tatinen, og draperer generøst den whiskysmurte laks over toppen. Skær i skiver og server med en slynget salat af rucola, barberet parmesan, pyntet med citronsaft, olivenolie og revet peber.

60. Ovnstegt laks og grøntsager

Portioner: 4 portioner

Ingredienser:

- 4 laksefileter

- 2 store tomater, skåret i kvarte

- 2 store løg, gerne røde varianter og skåret i kvarte

- 1 stor hvidløgsløg, skåret i halve

- 2 store peberfrugter, røde og grønne varianter og skåret i strimler

- 1 kop zucchini, skåret i halv tomme tykke

- 1 kop broccolibuketter

- 3 spiseskefulde ekstra jomfru olivenolie

- 1 spsk usaltet smør

- 1 tsk tørret dild

- Salt og peber efter smag

- Friske basilikumblade, finthakket

Vejledning:

a) Forvarm ovnen til 375F, mens du forbereder de hakkede grøntsager.

b) Læg alle grøntsagerne i en stor ovnfast fad og dryp lidt olivenolie over. Smag til med salt og peber og sørg for, at de hakkede grøntsager er jævnt belagt med olivenolie. Fordel grøntsagerne i siderne af bageformen.

c) Læg de krydrede laksefileter i midten. Hæld det blødgjorte smør ovenpå.

d) Kog i 18-20 minutter, eller indtil laksen nemt kan flages og grøntsagerne er gaffelmøre.

e) Kom friskhakket basilikum i inden servering.

61.   Soja & honningglaseret laks

Portioner: 6 portioner

ingredienser

- 6 friske laksefileter, 1 tomme tykke
- 4 spiseskefulde ristet sesamolie

- 3 store peberfrugter, fjernet fra kernerne og skåret i tynde strimler

- 2 mellemstore rødløg, skåret i kvarte

- 4 spiseskefulde lys sojasovs

- 1 spsk ingefær, skrællet og revet

- 3 spiseskefulde ren honning

- Salt og peber efter smag

- Forårsløg til pynt

Rutevejledning:

a) Læg laksen i en stor bradepande, og lad forsigtigt 1-tommers mellemrum mellem fileterne. Tilsæt de skåret peberfrugter – grøn, rød og gul for en mere smagfuld effekt – og løg til panden. Dryp halvdelen af sesamolien over fisken. Drys salt og peber efter smag.

b) I en mellemstor skål tilsættes sojasovs, honning, revet ingefær, friskkværnet peber og resten af sesamolien.

c) Bland saucen grundigt.

d) Hæld saucen over fisken. Bag laksen ved 420F i 25 minutter.

e) Server straks og pynt med forårsløg. Den spises bedst med friskdampede hvide ris.

62. Honning sennep glaseret laks

Portioner: 4 portioner

ingredienser

- 4 laksefileter, 1 tomme tykke
- 5 spsk dijonsennep
- 5 spiseskefulde ren honning
- 2 spsk let sojasovs
- 2 spsk smør, usaltet sort
- 2 spsk hvidløg, hakket
- Salt og peber efter smag
- Canola olie
- Friskhakkede timianblade

Rutevejledning:

a) Krydr laksefileterne med salt og peber. Pensl eller sprøjt bradepanden med rapsolie, og læg derefter laksen med skindsiden nedad.

b) I en mellemstor skål piskes dijonsennep, ren honning og sojasovs sammen. Rør det hakkede hvidløg i og bland godt.

c) Fordel blandingen rigeligt på begge sider af laksefileterne ved hjælp af en wienerbrødspensel.

d) Drys laksen med timianblade.

e) Kog laksen ved 450F i 20 minutter. Hæld evt. den resterende honning sennepsblanding i. Bag laksen til den er færdig.

f) Kom straks over på en tallerken og læg nogle timianblade ovenpå.

63. Røget Laksedip

Portioner: 4 portioner

ingredienser

- 1 kop røget laks, hakket
- 1 kop flødeost, stuetemperatur
- ½ kop creme fraiche, fedtfattig variant
  - 1 spsk citronsaft, friskpresset

- 1 spsk purløg eller dild, hakket

- ½ tsk varm sauce

- Salt og peber efter smag

- Franske baguette skiver eller hvede tynde kiks til servering

Rutevejledning:

a) I en foodprocessor eller elmixer hældes flødeost, cremefraiche, citronsaft og varm sauce i. Blend blandingen, indtil den er glat.

b) Overfør blandingen til en beholder. Tilsæt den hakkede røgede laks og hakket purløg og bland grundigt.

c) Sæt blandingen i køleskabet i en time, og pynt derefter med mere hakket purløg. Server den afkølede lakspålæg med baguetteskiver eller tynde kiks.

64. Peberrod Laks

Portioner: 4 portioner

ingredienser

- 8 laksefileter, 1 tomme tykke
- 3 spsk peberrodssauce
- 3 spsk let sojasovs

- 3 spiseskefulde olivenolie, ekstra jomfru sort

- 2 spsk hvidløg, hakket

- Salt og peber efter smag

Peberrod Sauce

- 1 spsk let sojasovs

- 2 spsk citronsaft, friskpresset

- 3 spsk peberrodssauce

- 1 kop creme fraiche

- 2 spiseskefulde mayonnaise, reduceret fedt-variation **Vejledning:**

a) I en mellemstor skål hældes alle ingredienserne og blandes godt. Dæk til med plastfolie og lad det stå på køl i mindst en time.

b) I en separat skål piskes peberrodssaucen, olivenolie, sojasovs og hvidløg. Smag til med salt og peber og juster evt krydderierne.

c) Læg laksefileterne i en stor bradepande eller en grillrist. Smør panden eller grillristen. Pensl den tilberedte blanding på begge sider af laksefileterne.

d) Bag laksen i mindst 20 minutter. Hvis du bruger grillstativet, så lad laksen stege i 5 minutter på hver side.

e) Server fiskefileterne straks med hvide ris. For en sundere mulighed kan du servere brune ris sammen med laksen. Server med afkølet peberrodssauce ved siden af.

65. Varm laks og kartoffelsalat

Portioner: 3-4 portioner

ingredienser

- 3 laksefileter, 1 tomme tykke og uden skind

- 4 store kartofler, skåret i mundrette stykker

- Håndfuld rucola og spinatblade

- ¾ kop creme fraiche
- 2 spsk citronsaft
- 2 spsk ren honning
- 2 tsk dijonsennep
- 1 tsk hvidløg, hakket
- Salt og peber efter smag
- Korianderblade til pynt

Rutevejledning:

a) Krydr laksen let med salt og peber. Pak ind i folie og læg i et bradefad. Kog i 15-20 minutter ved 420F eller indtil det er helt gennemstegt.

b) I en mellemstor gryde koges de hakkede kartofler, indtil de er bløde. Dræn straks og sæt til side.

c) I en stor salatskål kombineres creme fraiche, citronsaft, honning, sennep og hvidløg. Bland alle ingredienserne grundigt.

Tilsæt salt og peber efter smag.

d) Riv salatbladene i hånden og smid dem i skålen. Tilsæt de kogte kartofler.

e) Flæk den kogte laks i mundrette stykker og smid dem i salatskålen. Bland ingredienserne godt sammen.

f) Drys lidt friskhakket koriander før servering.

66. En-potte laks med ris og snapseærter

Portioner: 4 portioner

ingredienser

- 1 kop hvide ris, langkornet sort
- 2 kopper vand

- 1-pund laks, skindet fjernet og skåret i 4 stykker

- ½ kop sukkerærter

- 6 spiseskefulde lys sojasovs

- 2 spiseskefulde riseddike

- 1 1-tommers frisk ingefærknop, revet

- 1 spsk brun farin

- Salt og peber efter smag

- ½ kop friskhakkede forårsløg

Rutevejledning:

a) Vask risene i henhold til pakkens anvisninger. Kombiner ris og vand i en mellemstor stegepande og læg låg på. Bring blandingen i kog ved lav til medium varme i 10 minutter.

b) Krydr laksen med salt og peber.
   Tilsæt derefter straks oven på risene.

c) Kog laksen til risene har suget alt vandet.

d) Tilsæt snapsærter og dæk panden i 5 minutter mere. Tjek om ærterne allerede er møre og laksen har nået den ønskede færdighed.

e) I en lille skål blandes sojasovsen, eddike, forårsløg, ingefær og sukker. Juster krydderierne efter behov.

f) Overfør laks, ris og ærter til et fad og server det hele sammen med saucen. Drys lidt friskhakkede forårsløg over laks og ris.

67. Steget laks med tomater og løg

Portioner: 6 portioner

ingredienser

- 6 laksefileter, uden skind

- 4 store tomater, skåret i halve

- 3 mellemstore rødløg, skåret i kvarte
- 2 spsk ekstra jomfru olivenolie
- 1 tsk paprikapulver
- 1 stor hvidløgsløg, hakket
- 10 friske timianfjedre
- 1 spsk usaltet smør
- Salt og peber efter smag

Rutevejledning:

a) Gnid det usaltede smør ind i en stor ovnfast fad og sørg for, at fadet er jævnt belagt.

b) Læg laksefileterne, tomaterne og løgene i bradepanden.

c) Dryp med ekstra jomfru olivenolie og tilsæt et skvæt salt og peber. Drys lidt paprikapulver på begge sider af laksen.

d) Tilsæt hakket hvidløg og frisk timian til laksen.

e) Kog laksen i 10-12 minutter ved 420F. For at tjekke om laksen er tilberedt, prik i den med en gaffel og se om flagerne let går i stykker.

f) Overfør straks laksen og grøntsagerne til et serveringsfad. Smid nogle timianblade for ekstra friskhed.

68. Laksefiskekager med grøntsagsris

Portioner: 4 portioner

ingredienser

Lakse kager

- 2 dåser lyserød laks, drænet
- 1 stort æg

- ½ kop panko brødkrummer
- ½ spsk majsstivelse
- 2 spsk kapers, drænet
- 3 spsk forårsløg eller persille, hakket
- Salt og peber efter smag
- Vegetabilsk olie til stegning

Grøntsagsris

- 1 kop brune ris, ukogte
- ½ kop grønne ærter
- ¼ kop revne gulerødder
- ¼ kop sukkermajs
- 3 spiseskefulde forårsløg
- 2 spiseskefulde citronsaft, friskpresset

Vejledning:

a) Kom alle ingredienserne til laksekagerne i en blender eller foodprocessor. Blend godt indtil det danner en tyk pasta.

b) Lad blandingen køle af i køleskabet i 20 minutter. Når blandingen er lidt fast, læg 1 spsk i dine hænder og form den til en patty. Gentag denne proces, indtil alle laksebøfferne er formet og formet.

c) Varm lidt vegetabilsk olie op i en stor stegepande og steg laksefrikadellerne, indtil de er sprøde gyldenbrune.

d) Mens frikadelleblandingen er inde i køleskabet, kog de brune ris i henhold til pakkens anvisninger. Tilsæt de grønne ærter, gulerødder og majs i riskogeren, når alt vandet er absorberet. Bland risene helt sammen med grøntsagerne og

lad den resterende damp koge grøntsagerne. Tilsæt den friskpressede citronsaft.

e) Drys nogle friskhakkede grønne løg på grøntsagsrisene inden servering. Server med sprøde laksekager ved siden af.

69.   Soja Ingefær Laks

Portioner: 4 portioner

ingredienser

- 4 laksefileter, skind og ben fjernet
- 4 spsk frisk ingefær, revet ● 2 spsk hvidløg, hakket

- 1 spsk brun farin
- 2 spsk ren honning
- 1 tsk dijonsennep
- ½ kop frisk appelsinjuice
- 3 spsk let sojasovs
- Finrevet appelsinskal
- Salt og peber efter smag
- 1 spsk ekstra jomfru olivenolie

Rutevejledning:

a) I en mellemstor til stor skål piskes appelsinjuice, honning, sojasovs,

   appelsinskal, sennep, sukker, hvidløg og ingefær til det er godt blandet. Rør den friskrevede appelsinskal i. Hæld halvdelen af denne blanding over laksen.

b) Forvarm ovnen til 350F. Krydr laksen med friskkværnet peber og salt, og pensl derefter jævnt med olivenolie.

c) Læg laksen i bradepanden og bag i 15-20 minutter.

d) Hæld den anden halvdel af blandingen i en lille til mellemstor gryde og bring det i kog. Rør derefter løbende blandingen i 5 minutter eller indtil saucen tykner.

e) Dryp saucen over laksen. Pynt med friskhakket koriander eller forårsløg.

70. Laks med Chili Kokossauce

Portioner: 6 portioner

ingredienser

- 6 laksefileter
- 2 spsk usaltet smør
- 1 spsk ekstra jomfru olivenolie
- 4 fed hvidløg, hakket
- 4 spsk hvidløg, hakket
- 1 1-tommer ingefærknop, revet
- 2 kopper ren kokosmælk
- 2 spsk rød chilipeber, groft hakket
- 3 spiseskefulde koriander, hakket
- Salt og peber efter smag

Rutevejledning:

a) Krydr laksefileterne med friskkværnet peber og salt.

b) Varm smør og olivenolie op ved lav til medium varme, og smid derefter straks hvidløg, løg og ingefær i en stor gryde. Rør konstant og kog i 2 minutter, eller indtil disse krydderier bliver duftende. Tilsæt chilipeberne for et ildfast kick.

c) Hæld langsomt kokosmælken i og bring det i kog. Lad dette simre i 10 minutter, eller indtil saucen tykner.

d) Hæld lidt olivenolie i en separat stegepande og læg laksefileterne. Steg hver side i 5 minutter ved lav varme. Pas på ikke at brænde fileterne på, og overfør dem derefter til et serveringsfad med det samme.

e) Hæld den krydrede kokossauce over laksefileterne. Top med friskhakket koriander for et savleværdigt udseende.

71.   Laks med cremet pesto

Portioner: 4 portioner

ingredienser

- 4 laksefileter, 1 tomme tykke
- ¼ kop fuldfløde mælk
- ½ kop flødeost, reduceret fedt/let variant
- 1/3 kop basilikum pesto sauce

- 2 spsk ekstra jomfru olivenolie
- Salt og peber efter smag
- Friskhakket persille

Rutevejledning:

a) Krydr laksen med salt og peber. Tilsæt lidt olivenolie på en grillpande og svits laksen i 5 minutter på hver side, eller indtil den er gennemstegt.

b) Overfør laksefileterne til et serveringsfad.

c) Varm lidt olivenolie op i en mellemstor gryde og tilsæt pestosaucen og kog i 2 minutter.

d) Rør mælk og flødeost i og bland det hele sammen. Fortsæt med at røre, indtil flødeosten smelter helt sammen med pestosaucen.

e) Hæld den cremede pesto i laksen. Pynt med friskhakket persille.

72. Laks og Avocado Salat

Portioner: 4 portioner

ingredienser

- 4 laksefileter, uden skind
- 3 mellemstore avocadoer

- ½ kop agurk, skåret i tynde skiver
- Salt og peber efter smag
- 300 gram salatblade (salat, rucola og brøndkarse)
- Håndfuld friskhakkede mynteblade
- ½ rødløg, skåret i tynde skiver
- 4 spiseskefulde ren honning
- 3 spiseskefulde ekstra jomfru olivenolie
- 3 spsk citronsaft, friskpresset

Rutevejledning:

a) Krydr laksen let med salt og peber.

b) Bag eller grill laksen i 420F i 1520 minutter eller indtil den ønskede færdighed.
Sæt til side et stykke tid.

c) I en stor salatskål kombineres citronsaft, honning og olivenolie. Krydr med salt og peber og juster evt smagen.

d) Skær avocadoerne i mundrette stykker og kom dem i salatskålen.

e) Tilsæt det grønne salat, rødløg og mynteblade til skålen.

f) Flæk laksefileterne i mundrette stykker. Smid dem i skålen. Bland alle ingredienserne godt sammen.

73.   Urtede Laksekager

Portioner: 8 portioner

ingredienser

- 3 dåser atlantisk/lyserød laks, drænet godt
- 1 stort rødløg, finthakket
- ½ kop brødkrummer

- 2 spsk purløg, finthakket
- 2 spsk persille, finthakket
- 1 spsk forårsløg, finthakket
- 2 spsk rød peberfrugt, finthakket
- 2 spsk grøn peberfrugt, finthakket
- 2 tsk dijonsennep
- Salt og peber efter smag
- 2 store æg, let pisket
- Vegetabilsk olie til stegning **Vejledning:**

a) I en stor skål hældes alle ingredienserne og blandes godt.

b) Stil blandingen i køleskabet i cirka 10 minutter.

c) Når lakseblandingen bliver lidt fast, øs en spiseskefuld af blandingen i dine hænder og form

   det til en patty. Gentag denne metode, indtil alle bøfferne er formet.

d) Varm en stor stegepande op ved lav til medium varme og tilsæt vegetabilsk olie til stegning. Steg bøfferne i cirka 2-3 minutter på hver side, eller indtil de er gyldenbrune.
Dræn dem ved at bruge køkkenrulle.

e) Server med cremet sauce efter eget valg.

74.   Cremet røget laksepasta

Portioner: 2 portioner

ingredienser

- 2 store røgede laksefileter i flager i små stykker
- ¾ kop revet parmesanost
- ½ kop universalcreme
- 1 stort rødløg, finthakket
- 3 spsk usaltet smør
- 2 spsk frisk hvidløg, hakket
- 2 spsk sødmælk
- 1 spsk ekstra jomfru olivenolie
- 250 gram fettuccine eller spaghetti nudler (eller din foretrukne pasta)
- Salt og peber efter smag
- Frisk persille som pynt

Rutevejledning:

a) Bring en mellemstor til stor gryde vand i kog over middel varme. Tilsæt derefter fettuccine (eller spaghetti-nudler) og lad det koge i 10-12 minutter eller indtil det stadig er fast, når det er bidt. Reserver $\frac{1}{2}$ kop pastavand og stil til side.

b) I en stor stegepande smeltes smør og olivenolie. Tilsæt løg og hvidløg og steg indtil løget bliver gennemsigtigt.

c) Tilsæt fløde og mælk og kog langsomt op.

d) Rør parmesanosten i og fortsæt med at røre saucen, indtil osten har blandet sig godt med saucen. Smag til med friskkværnet peber.

e) Tilsæt langsomt pastavandet til saucen og bring det langsomt op. Sluk for varmen, når der begynder at dannes bobler.

f) Dræn pastanudlerne godt og kom dem i gryden. Bland pastaen og saucen godt, og tilsæt derefter flagerøget laks.

g) Server straks, mens den er varm og pynt med friskhakket persille og revet parmesanost.

75. Sort laks med blandet grøntsagsris

4 portioner

ingredienser

Laks

- 4 laksefileter, skindet fjernet
- 1 tsk sød paprika
- 1 tsk tørret oregano
- 1 tsk tørret timian
- 1 tsk spidskommen pulver
- ½ tsk stødt fennikel
- 1 spsk ekstra jomfru olivenolie
- 1 spsk usaltet smør

Ris

- 2 kopper jasminris
- 3½ dl vand
- ½ kop sukkermajs
- 1 stort hvidt løg, finthakket
- 1 stor grøn peberfrugt, finthakket
- ½ kop korianderblade, finthakket
- ¼ kop forårsløg, finthakket

- ½ kop sorte bønner, drænet godt af
- ½ tsk røget spansk paprika
- 2 spsk limesaft, friskpresset
- 1 spsk ekstra jomfru olivenolie

Rutevejledning:

a) I en lav mellemstor skål kombineres alle krydderierne til laksen. Krydr let med salt og peber og juster smagen efter dine præferencer.

b) Beklæd hver laks med krydderiblandingen. Stil til side og lad laksen optage alle smagene.

c) Varm olivenolie op i en medium gryde ved lav varme. Tilsæt løg, majs og peberfrugt; rør til løget bliver gennemsigtigt. Tilsæt paprikaen og rør rundt

i 2 minutter. Hæld vandet i og tilsæt jasminris.

d) Bring det langsomt op og læg låg på gryden. Kog i 15-20 minutter eller indtil risene har helt absorberet alt vandet. Stil til side i 5 minutter.

e) Rør de sorte bønner, koriander, forårsløg og limesaft i de kogte ris. Bland grundigt.

f) Varm olivenolie og smør op i en stegepande ved middel varme. Kog laksen i 8-10 minutter på hver side.

g) Læg i et serveringsfad sammen med de grøntsagsblandede ris.

76. Ingefærlaks med honningmelonsalsa

Portioner: 4 portioner

ingredienser

- 4 laksefileter, uden skind
- 2 kopper honningmelon, skåret i små tern
- 2 spsk citronsaft, friskpresset

- ¼ kop korianderblade, friskhakket
- 2 spsk mynteblade, finthakket
- 1 tsk røde chiliflager
- 3 spiseskefulde frisk ingefær, revet
- 2 tsk karrypulver
- 2 spsk ekstra jomfru olivenolie
- Salt og hvid peber efter smag

Rutevejledning:

a) Kombiner honningmelon, koriander, mynte, citronsaft og chiliflager i en mellemstor skål. Smag til med salt og peber og juster krydderierne efter behov.

b) Stil salsaen på køl i mindst 15 minutter.

c) I en separat skål kombineres revet ingefær, karrypulver, salt og peber. Fordel denne blanding på hver side af laksefileterne.

d) Stil til side i 5 minutter, så fisken kan marinere.

e) Varm olivenolie op ved lav til medium varme. Kog laksen i 5-8 minutter på hver side, eller indtil fisken bliver uigennemsigtig i midten.

f) Server laksen med den afkølede melonsalsa ved siden af.

77. Citronris med stegt laks

Portioner: 4 portioner

Ingredienser:

Ris

- 2 kopper ris

- 4 kopper hønsebouillon
- ½ tsk hvid peber
- ½ tsk hvidløgspulver (eller 1 spiseskefulde finthakket hvidløg)
- 1 lille hvidt løg, finthakket
- 1 tsk fintrevet citronskal
- 2 spsk citronsaft, friskpresset

Laks

- 4 laksefileter, stiftben fjernet
- Salt og peber efter smag
- 2 spsk ekstra jomfru olivenolie

Dild Sauce

- ½ kop græsk yoghurt, fedtfattig variant
- 1 spsk citronsaft, friskpresset
- 1 spsk forårsløg, finthakket
- 2 spsk friske dildblade, finthakket
- 1 tsk frisk citronskal

Rutevejledning:

a) Bland alle ingredienserne til dildsauce i en lille skål. Sæt i køleskabet i mindst 15 minutter.

b) I en mellemstor gryde bringes kyllingebouillonen i kog. Tilsæt ris, hvidløg, løg og hvid peber og rør forsigtigt. Dæk gryden til og kog indtil risene har absorberet al hønsebouillonen.

c) Lige når bouillonen endelig er absorberet, tilsæt citronskal og -saft og rør godt sammen. Sætte tilbage

låget og kog risene i 5 minutter mere.

d) Varm olivenolie op ved lav varme i en stor stegepande. Krydr laksen med salt og peber inden stegning. Kog laksen i 5-8 minutter på hver side eller indtil den ønskede grad af færdighed.

e) Server den pandestegte laks med ris og sauce.

78. Cremet kartoffel laksebid

Portioner: 10 portioner

ingredienser

- 20 baby røde kartofler

- 200 gram røget laks, skåret i mundrette stykker

- 1 kop creme fraiche
- 1 mellemstor hvidløg, finthakket
- Salt og peber efter smag
- Friske dildblade, hakket fint

Rutevejledning:

a) Bring en stor gryde vand i kog, og tilsæt derefter 2 spiseskefulde salt i gryden. Kom kartoflerne i gryden og kog i 810 minutter eller til kartoflerne er gennemstegte.

b) Fisk kartoflerne op med det samme fra gryden og læg dem i en skål. Hælde

 koldt vand over dem for at stoppe tilberedningen. Dræn godt af og sæt til side.

c) I en mellemstor skål kombineres resten af ingredienserne. Stil på køl i 5-10 minutter.

d) Skær babykartoflerne i halve og skrab nogle dele af kartoflernes midte. Hæld det ophuggede kartoffelkød i den afkølede cremede blanding. Bland det godt sammen med resten af ingredienserne.

e) Pynt kartoflerne med den cremede blanding ved at bruge en teskefulde eller sprøjtepose.

f) Drys med flere finthakkede dildblade inden servering.

LAKSESALAT

79. Alaska laks & avocado pastasalat

Udbytte: 4 portioner

Ingrediens

- 6 ounces tør pasta
- 1 dåse Alaska laks
- 2 spsk fransk dressing

- 1 bundt grønne løg; tynde skiver
- 1 rød peberfrugt
- 3 spiseskefulde koriander eller persille; hakket
- 2 spsk let mayonnaise
- 1 Lime; saftet og revet svær
- 1 spsk tomatpure
- 3 modne avocadoer; i tern
- ½ kop creme fraiche
- Salatblade til at servere på
- Paprika efter smag

Rutevejledning:
a) Kog pastaen efter pakkens anvisning. Dræn og vend med den franske dressing. Lad køle af. Afdryp og fliser laksen. Tilføj til pastaen med grønne løg, skåret peberfrugt og koriander.
b) Pisk limesaft og revet skal, mayonnaise, creme fraiche og tomatpure sammen, indtil det er grundigt blandet. Vend pastasalaten med dressingen. Smag til

med salt og peber; dække og afkøle. Før servering smider du forsigtigt avocadoerne i salaten.

c) Hæld salaten på en bund af salatblade. Drys med paprika til pynt.

80. **Alaska laksesalat sandwich**

Udbytte: 6 Sandwicher

Ingrediens

- 15½ ounce Alaska laks på dåse
- ⅓ kop Almindelig fedtfri yoghurt
- ⅓ kop hakkede grønne løg
- ⅓ kop hakket selleri

- 1 spsk citronsaft
- Sort peber; at smage
- 12 skiver brød

Rutevejledning:

a) Dræn og flager laksen. Rør de resterende ingredienser i undtagen peber og brød. Smag til med peber efter smag.

b) Fordel lakseblandingen på halvdelen af brødskiverne; top med resterende brød. Skær sandwich i halve eller kvarte.

c) Laver 6 sandwich.

81. røget laks, agurk og pastasalat

Udbytte: 3 portioner

Ingrediens

- 3 ounce tynd spaghetti; lavede mad
- ½ agurk; i kvarte/skiver
- 3 store kviste frisk dild
- 1 kop bladsalat; revet bid-størrelse

- 1 eller 2 grønne løg med nogle af toppene; skåret i skiver

- 3 ounce røget laks; flaget (op til 4)

- ¼ kop Fedtfri eller fedtfattig creme fraiche

- 2 spsk Fedtfri yoghurt; (almindeligt)

- 1 spsk citronsaft

- 1 tomat; i kiler

- Friske persillekviste

Rutevejledning:

a) Kog pasta i kogende saltet vand. I mellemtiden kombinerer du resten af salatingredienserne i en mellemstor skål, og reserver et par lakseflager til at bruge som pynt. Bland ingredienserne til dressingen i en lille skål.

b) Bland afkølet pasta med resten af salatens ingredienser. Tilsæt dressing og vend let for at blande. Pynt med reserverede lakseflager, tomater og persille.

Chill.

c) Tag ud af køleskabet 10 minutter før servering.

82. Karameliseret laks over en varm kartoffelsalat

Udbytte: 4 portioner

Ingrediens

- 2 spsk olivenolie
- ½ pund malet andouillepølse
- 2 dl julienneløg
- 1 salt; at smage
- 1 friskkværnet sort peber; at smage
- 1 spsk hakket hvidløg
- 2 pund hvide kartofler; skrællet, skåret i små tern,
- 1 og kogt til de er møre
- ¼ kop kreolsennep
- ¼ kop hakkede grønne løg; kun grøn del
- 8 laksefileter
- 1 bayou blast
- 2 kopper granuleret sukker

2 spsk finthakket frisk persilleblade

Rutevejledning:

a) Tilsæt en spiseskefuld olie i en stor sauterpande ved middel varme.

b) Når olien er varm tilsættes pølsen. Brun pølsen i 2 minutter. Tilsæt løgene. Smag til med salt og peber. Svits løgene i 4 minutter eller indtil de er møre. Rør hvidløg og kartofler i.

c) Smag til med salt og peber. Fortsæt med at sautere i 4 minutter. Rør sennep og grønne løg i. Tag fra varmen og stil til side. Krydr begge sider af laksen med Bayou Blast.

d) Dryp laksen i sukkeret, beklæd den helt. Opvarm den resterende olie i to store sauterpander. Tilsæt laksen og steg i cirka 3 minutter på hver side eller indtil laksen er karamelliseret.

e) Læg den varme kartoffelsalat i midten af hver tallerken. Læg laksen ovenpå salaten. Pynt med persille.

83. Stivnet laksesalat

Udbytte: 6 portioner

Ingrediens

- 2 spiseskefulde gelatine uden smag
- ¼ kop koldt vand

1 kop kogende vand

- 3 spsk Friskpresset citronsaft
- 2 kopper flaget laks
- ¾ kop salatdressing eller mayonnaise
- 1 kop selleri i tern
- ¼ kop hakket grøn peber
- 1 tsk hakket løg
- ½ tsk salt
- 1 streg peber

Rutevejledning:

a) Blødgør gelatine i koldt vand; tilsæt kogende vand, og afkøl derefter grundigt. Tilsæt citronsaft, laks, salatdressing eller mayonnaise og krydderier.

b) Hæld i en smurt form og afkøl til den er fast. Udbytte: 6 portioner.

84.   Fed lakseelskers salat

Udbytte: 4 portioner

Ingrediens

- 1 pund Kogt konge- eller coho-laks; brudt i stykker
  1 kop Selleri i skiver

- ½ kop grofthakket kål

- 1¼ kop mayonnaise eller salatdressing;
  (til
  1 1/2)

- ½ kop Sød pickles relish

- 1 spsk Tilberedt peberrod

- 1 spsk finthakket løg

- ¼ tsk salt

- 1 streg peber

- Salatblade; romaine blade eller endivie

- Radiser i skiver

- Dild-syltelag skiver

- Ruller eller kiks

Rutevejledning:

a) Brug en stor røreskål, og vend forsigtigt laks, selleri og kål sammen.

b) I en anden skål røres mayonnaise eller salatdressing, pickle relish, peberrod, løg, salt og peber sammen. Tilføj det til lakseblandingen og vend det til belægning. Dæk salaten til og stil den på køl indtil serveringstid (op til 24 timer).

c) Beklæd en salatskål med grønt. Hæld lakseblandingen i. Top med radiser og dild pickles. Server salaten med rundstykker eller kiks.

d) Giver 4 hovedretterportioner.

85. Dilled laksesalat

Udbytte: 6 portioner

Ingrediens

- 1 kop almindelig fedtfri yoghurt
- 2 spsk finthakket frisk dild
- 1 spsk rødvinseddike
- Salt og friskkværnet peber

- 1 2-lb laksefilet (1" tyk) renset for skind og sener
- 1 spsk rapsolie
- ½ tsk salt
- ½ tsk Friskkværnet peber
- 1 mellemstor agurk
- Krøllet bladsalat
- 4 modne tomater; fint skåret
- 2 medium rødløg; skrællet og skåret i tynde skiver og delt i ringe
- 1 citron; halveret på langs og skåret i tynde skiver

Rutevejledning:

a) Lav dressingen: Rør yoghurt, dild, eddike, salt og peber sammen. Stil på køl. Lav salaten: Drys laks på begge sider med olie, salt og peber.

b) Varm grillen op, indtil den er meget varm. Læg laksen på grillen og steg tildækket, indtil den er flaget, cirka 3½ minut på hver side.

Overfør til en tallerken og lad hvile i mindst 5 minutter. Skær i ½-tommers skiver.

c) Læg laksen i en skål og vend med dressingen. Dæk til og stil på køl. Lige inden servering skrælles agurken og halveres på langs. Brug en lille ske til at skrabe ned i midten for at fjerne frø. Skær i tynde skiver.

d) Læg lakseblandingen i midten af et stort fad foret med salatblade. Omring med agurk, tomater, løg og citronskiver. Pynt med yderligere dild, hvis det ønskes.

86. Laks med sprøde krydderurter og orientalsk salat

Udbytte: 1 portioner

Ingrediens

- 160 gram laksefilet
- 5 gram kinesisk fem krydderipulver
- 15 milliliter sojasauce
- 10 gram tomat; i tern

- 2 tsk Vinaigrette

- 20 milliliter olivenolie

- 40 gram blandede salatblade

- 5 gram friturestegt basilikum, koriander,
  Persille

- 10 gram vandkastanjer; Skåret i skiver

- 10 gram skrællet rød og grøn Peberfrugt;
  Julienned

- Salt og sort peber

Rutevejledning:

a) Mariner laks i sojasovs og fem krydderier. Steg på panden i lidt olivenolie og steg langsomt på begge sider.

b) Dress salat blade. Tallerk vandkastanjer, top med laks og arranger salatblade rundt med peber.

87. Ø-laksesalat

Udbytte: 1 portioner

Ingrediens

- 8 ounces laks eller andre faste fiskefileter
- 1 spsk olivenolie
- 1 spsk lime- eller citronsaft
- 1 tsk Cajun eller Jamaican Jerk krydderi

- 6 kopper revet blandet grønt

- 2 medium appelsiner; skrællet og sektioneret

- 1 kop jordbær; halveret

- 1 mellemstor avocado; halveret, frøet, skrællet, skåret i skiver

- 1 mellemstor Mango; frøet, skrællet, skåret i skiver

- $\frac{1}{4}$ kop hakkede macadamianødder eller mandler; ristet

- Tortilla skåle

- Estragon-Kærnemælksdressing

- Lime skræl krøller

Rutevejledning:

a) Pensl fisk med olie, drys med lime- eller citronsaft og krydderier. Læg i en smurt grillkurv. Grill i 4-6 minutter for hver $\frac{1}{2}$" tykkelse eller indtil

fisk flager let, vend én gang. Riv fisken i mundrette stykker.

b) Kombiner fisk, grønt, appelsiner, jordbær, avocado og nødder i en stor røreskål: vend forsigtigt for at blande. Hæld i tortilla skålene og dryp med dressingen.

c) Pynt hver portion med en limeskalkrøll, hvis det ønskes.

88. Malaysisk urteris og laksesalat

Udbytte: 1 portioner

Ingrediens

- 400 gram Frisk laks
- 2 spsk sojasovs
- 2 spsk Mirin

- 6 kopper kogte jasminris
- ½ kop ristet; revet kokos
- 1 5 cm stykke gurkemeje; skrællet
- 1 5 cm stykke galangal; skrællet
- 3 spsk fiskesauce
- 2 små røde chilier; frøet og hakket
- 8 Kaffir lime blade
- ½ kop thaibasilikum
- ½ kop vietnamesisk mynte
- Ekstra ristet kokos til servering.
- 1 moden avocado; skrællet
- 1 rød chili; hakket
- 2 fed hvidløg; hakket
- ¾ kop olivenolie; (lys)
- ⅓ kop limesaft
- ¼ kop citronsaft
- ½ kop thailandske basilikumblade

- 10 kviste korianderblade & stilk

Vejledning:

a) Få fiskehandleren til at fjerne skindet fra laksen og læg det derefter i et lavvandet glasfad. Bland soja og mirin og hæld over fisken og mariner i 30 minutter. Opvarm en grillpande eller grill, og steg derefter fisken, indtil den er gylden på ydersiden og lige gennemstegt indvendig, cirka 3 minutter på hver side. Fedt nok.

b) Julienne gurkemeje, galangal, chili og kaffir limeblade meget fint og bland med de kogte ris. Tilsæt den ristede kokos, basilikum og mynte og bland med fiskesaucen. Sæt til side.

c) Lav dressingen. Purér alle ingredienserne i en foodprocessor, indtil de er tykke, glatte og fold derefter dressingen gennem risene, indtil risene er farvet lysegrønne.

d) Flag den kogte fisk og tilsæt risene, bland meget forsigtigt for at fordele.

e) Server salaten ved stuetemperatur pyntet med ristet kokos.

89. Mintagtig laksesalat

Udbytte: 4 portioner

Ingrediens

- 213 gram rød Alaska laks på dåse
- 2 modne avocadoer skrællet og halveret
- 1 Lime; juiced

- 25 gram krøllet endive
- 50 gram agurk; skrællet og skåret i tern
- ½ tsk Friskhakket mynte
- 2 spsk græsk yoghurt
- Dræn dåsen med laks, knæk fisken i store flager, sæt til side.

Rutevejledning:

a) Fjern avocadostenene. Skær på langs fra den afrundede ende. Skær ikke helt igennem den smalle ende.

b) Skær hver halvdel i 5 stykker, læg dem på en tallerken og fordel skiverne blæsende.

c) Pensl med limesaft.

d) Anret endivien på tallerkenerne og læg lakseflagerne ovenpå.

e) Bland agurk, mynte og yoghurt sammen. Hæld på salaten.

f) Server med det samme.

90. Pandestegt laks med kartoffelsalat

Udbytte: 1 portioner

Ingrediens

- 250 gram Baby nye kartofler

- 6 spsk olivenolie

- en halv citron; saft af

- 1 spsk fuldkornssennep

- 1 spsk klippet purløg

- 150 gram Laksefilet

- 2 oz. balsamicoeddike

- Et par dråber varm pebersauce

- 25 gram basilikumblade • Salt og friskkværnet peber

Rutevejledning:

a) Kog kartoflerne i 8-10 minutter, til de er møre. Mos groft med bagsiden af en gaffel.

b) Tilsæt 2 spsk olie til mosen sammen med citronsaft, sennep og purløg.

c) Krydr generøst. Krydr laksefileten og steg i 1-2 minutter på hver side, indtil den netop er gennemstegt. 3 Reducer balsamicoeddiken til en sirupsagtig konsistens. Blend den resterende olie med basilikumbladene.

d) Til servering lægges laksen på en bunke kartoffelsalat, og dryp balsamico-reduktionen, basilikumolie og pebersauce over.

91. Pasta & røget laksesalat

Udbytte: 4 portioner

Ingrediens

- ¾ pund Røget laks skåret i strimler
- 2 liter vand
- ¾ pund Linguini eller spaghetti; tør

- 2 spsk hvid eddike
- ½ kop løg; fint hakket
- 1 kop piskefløde
- ¾ kop tør hvidvin
- 1 spsk dijonsennep
- ¼ kop revet parmesan
- ½ kop Frisk persillekviste

Rutevejledning:

a) Bring vand i kog, kog pasta indtil mør; dræne.

b) Når pastaen koger, koges eddike med løg i en stegepande ved høj varme, indtil eddike fordamper, cirka 2 minutter. Tilsæt fløde, vin og sennep. Kog, uden låg, under omrøring ofte, indtil saucen er reduceret til 1-¾ kopper. Tilføj varm drænet pasta; løft med gafler for at overtrække med sauce.

c) Fordel pasta og sauce jævnt mellem 4 middagstallerkener; drys hver med parmesan. Anret laks ved siden af hver portion pasta, pynt med persille. Smag til med salt og peber.

92. Pastasalat med laks og zucchini

Udbytte: 6 portioner

Ingrediens

- 700 gram pasta (enhver slags)
- 500 gram røget laks

- 500 gram Kogt zucchini i skiver
- 200 milliliter olivenolie
- 70 gram Persille
- 50 milliliter citronsaft
- Salt og peber

Rutevejledning:

a) Skær laksen i tern. Kog pasta 'al dente', lad den stå kold.

b) Bland det hele sammen.

LAKSESUPPER

93. Laksegrøntsagssuppe

Portioner: 4 portioner

ingredienser

- 2 laksefileter, skindet fjernet og skåret i mundrette stykker
- 1 ½ dl hvidløg, finthakket
- 1 ½ kop sød kartoffel, skrællet og skåret i tern
- 1 kop broccolibuketter, skåret i små stykker

- 3 kopper hønsebouillon
- 2 kopper sødmælk
- 2 spiseskefulde universalmel
- 1 tsk tørret timian
- 3 spsk usaltet smør
- 1 laurbærblad
- Salt og peber efter smag • Flad persille, finthakket

Rutevejledning:

a) Kog hakket løg i usaltet smør, indtil det er gennemsigtigt. Rør mel i og bland godt med smør og løg. Hæld kyllingebouillon og mælk i, og tilsæt derefter søde kartoffeltern, laurbærblad og timian.

b) Lad blandingen simre i 5-10 minutter under omrøring af og til.

c) Tilsæt laks og broccolibuketter. Kog derefter i 5-8 minutter.

d) Smag til med salt og peber og juster smagen efter behov.

e) Overfør til små individuelle skåle og pynt med hakket persille.

94. Cremet laksesuppe

Udbytte: 4 portioner

Ingrediens

- 418 gram lyserød Alaska laks på dåse
  - 3 Skalotteløg; hakket ELLER... Løg, hakket
- 450 milliliter Grøntsagsfond
- 150 milliliter Tør hvidvin
- 25 gram smør
- 25 gram almindeligt mel
- 300 milliliter Skummetmælk
- 100 gram ostemasse
- 4 spsk græsk yoghurt
- Krydderi

Rutevejledning:

a) Dræn dåse laks. Kom saften i en skål med løg, bouillon og vin. Kog ved HØJ EFFEKT i 10 minutter. Stå i 15 minutter.

b) Smelt smør på HØJ EFFEKT i 30 sekunder. Rør mel i og kog i 30 sekunder på HØJ EFFEKT. Tilsæt mælk 150 ml / $\frac{1}{4}$ pint ad gangen.

c) Pisk godt og kog på HØJ EFFEKT i 1 minut mellem hver tilsætning. Tilsæt bouillon til mælkeblandingen med laks, ost og yoghurt. Sæson.

d) Overfør til en blender. Purér indtil glat. Genopvarm i 7 minutter på MEDIUM POWER og server.

95. Irsk røget laks sommersuppe

Udbytte: 4 portioner

Ingrediens

- 300 milliliter god hønsefond
- 20 gram smør
- 1 spsk Double Cream

- 12 aspargesspyd

- 1 gulerod; (lille - i tern)

- 2 Stænger Selleri; (skrællet og skåret i tern)

- 1 Porre; (lille - i tern)

- 8 Nye Kartofler; (lille - ung)

- 2 Tomater

- 4 skiver røget laks; (skåret i strimler)

- 1 Olivenbrødsrulle

- 50 gram irsk gedeost

- 1 Æggeblomme

- Blandede urter

Rutevejledning:

a) Varm hønsefond op og kog alle grøntsagerne en efter en start med kartofler, gulerødder, selleri, porre og asparges. Si grøntsagerne og gem fonden.

b) Læg grøntsagerne i små suppeskåle/kopper. Tilsæt tomat og røget laks som er skåret i strimler.

c) Sæt fonden tilbage på varmen og pisk lidt smør og fløde i.
Krydr og tilsæt de hakkede krydderurter. Lad trække i et par minutter.

d) Pisk imens æggeblommen med 2 - 3 tsk kogende vand over en bain marie, indtil der er dannet en tyk og cremet sabayon.

e) Drys osten på croutonerne og stil dem under en varm grill, indtil osten begynder at boble.

f) Fold sabayonen i fonden og hæld over grøntsagerne. Læg croutonerne ovenpå og server.

96. Osteagtig Laksesuppe

Udbytte: 1

Ingrediens

- 4 spsk Smør
- 1 kop hakket løg
- ¼ kop hakket selleri

- 1 kop kartofler i tern
- ¼ tsk hvid peber
- 1¼ tsk timian
- ¼ tsk Dildweed
- 2 spsk Mel
- ⅛ ounce dåse stuvede tomater
- 3 kopper mælk
- 7¾ ounce laks på dåse
- 2 spsk Persille • 1 kop revet Monterey jack ost

Rutevejledning:

a) Smelt 2 spsk smør, sauter selleri og løg. Tilsæt kartofler og nok vand til at dække. Lad det simre, indtil kartoflerne er møre.

b) Smelt de resterende 2 spsk smør; bland i 2 spsk mel for at lave en roux. Tilsæt roux og inddampet mælk til kartoflerne.

c) Varm op til det er tyknet over medium varme under konstant omrøring. Tilsæt krydderier, laks og tomater.

d) Opvarm indtil dampende. Må ikke koge. Tilsæt ost lige før servering.

97. Kartoffelostsuppe med laks

Udbytte: 6 portioner

Ingrediens

- ¼ kop smør eller margarine
- 1 stort løg - i tynde skiver
- 1¼ kop selleri i tern
- 3½ kop kartofler - rå skiver
- 1 kop hønsebouillon
- 3 kopper Mælk -delt
- Stuetemperatur
- 1 kop Halv og halv
- 2 kopper skarp cheddarost, Strimlet
- 1 tsk tørret timian
- 1 tsk Worcestershire sauce
- 1 dåse Laks, sockeye, Veldrænet, ben og skind Fjernet
- 1 streg Salt

- 1 streg Peber
- Hakket persille

Rutevejledning:

a) I en 2 qt. gryde, smelt smørret og svits løg og selleri til de er møre, men ikke brune. Tilsæt kartofler og hønsebouillon; dæk til og kog ved svag varme, indtil kartoflerne er møre. Purér kartoffelblandingen i en blender med 2 dl mælk.

b) Vend tilbage til gryden; og resterende 1 kop mælk, fløde, ost, timian,

c) Worcestershire sauce og laks. Varm op ved lav temperatur, omrør ofte, indtil det er varmt. Smag til med salt og peber. Pynt med hakket persille. Udbytte: 6 portioner.

98. Kartoffelsuppe med røget laks relish

Udbytte: 4 portioner

Ingrediens

- ½ Stang usaltet smør
- 1¼ pund gule løg, i tynde skiver
- 3 ribben selleri, hakket
- Salt

- Cayenne

- Friskkværnet sort peber

- 1 Bay orlov

- 3 spsk hakket hvidløg

- 10 kopper kyllingefond

- 2 pund Bagekartofler, skrællede

- ¼ kop tung fløde

- ½ pund røget laks, julienne

- ¼ kop rødløg

- 2 spsk Hakket purløg

- Duskregn af ekstra jomfru

- Olivenolie **Vejledning:**

a) Smelt smørret i en 6-liters lagergryde over medium-høj varme. Tilsæt løg og selleri. Smag til med salt, cayennepeber og sort peber under omrøring, indtil grøntsagerne er bløde og let gyldne, cirka 8 minutter.

b) Tilsæt laurbærblad og hvidløg under omrøring i 2 minutter. Tilsæt bouillon og kartofler og bring blandingen i kog.

c) Reducer varmen til medium og lad det simre uden låg, indtil kartoflerne er meget bløde og blandingen er tyk og cremet, cirka 1 time.

d) Tag suppen af varmen. Kassér laurbærbladet. Purér med en håndblender, indtil det er glat. Tilsæt langsomt fløden. Rør for at blande. Smag suppen til. I en lille røreskål kombineres laks, rødløg og purløg.

e) Dryp relishen med nok olie til at fugte. Smag relishen til med sort peber. Til servering hældes suppen i individuelle skåle.

f) Pynt suppen med relish.

99. Lakse-kartoffelsuppe

Udbytte: 4 portioner

Ingrediens

- 2 kopper hønsebouillon
- ½ tsk tør sennep
- ¼ teskefuld peber

- 1 mellemstor løg, skåret i skiver og adskilt
- Ind i ringe
- 1½ pund Nye kartofler (10 til 12), skåret
- I 1/2-tommers skiver
- 1 pund laks eller anden fed fisk
- Fileter, flået og skåret
- I 4 portionsstykker
- 1 kop Halv og halv
- 4 tsk hakket frisk persille

Rutevejledning:

a) Opvarm bouillon, sennep og peber til kogning i hollandsk ovn. Tilsæt løg og kartofler. Anret laks på kartofler. Varm op til kogning, reducer varmen. Læg låg på og lad det simre i 10 til 15 minutter, eller indtil fisken let flager med en gaffel og kartoflerne er møre. Hæld halvt og halvt i hollandsk ovn.

b) Opvarm indtil varmt. Server suppen i lave skåle, og læg 1 stykke laks i hver skål. Drys hver portion med 1 tsk persille.

c) Server med knækket sort peber, hvis det ønskes.

100. **Klar laksesuppe**

Udbytte: 6 portioner

Ingrediens

- 6 kopper vand
- 1½ pund Smelt, hele; renset godt
- 1 Løg, med
- 1 gulerod, stor; skrællet i kvarte
- 1 porre (kun hvid)
- 1 stilk selleri; med blade
- 1 Pastinak; skrællet
- 1 buket garni
- Salt; at smage
- 1 pund lakseafpuds
- ¾ kop Vin, hvid, tør
- 3 Kartoffel, ny
- 2 gulerødder, tynde; skrællet
- 1 Æggehvide
- 1 Æggeskal; knust
- 1 pund laksefilet, flået
- 5 spiseskefulde spidskål; hakket

- Citronskiver, tynde

Rutevejledning:

a) I en stor gryde lægges vand, smelter, løg, kvarte gulerod, porre, selleri, pastinak, bouquet garni og salt og peber, og bring det i kog ved høj varme, mens skummet med jævne mellemrum skummes af, når det stiger til top.

b) Dæk gryden til, reducer varmen og lad det simre i 35 minutter. Si bouillonen gennem en fin sigte i en ren gryde, og tryk på de faste stoffer med bagsiden af en ske for at trække så meget væske ud som muligt. Kassér de faste stoffer.

c) Sæt fonden tilbage på varmen og tilsæt lakseafskæring, vin, kartofler og tynde gulerødder. Bring det i kog, reducer derefter varmen til lav og lad det simre under låg, indtil grøntsagerne er møre, cirka 25 minutter. Si bouillonen i en ren gryde, og kassér alle de faste stoffer undtagen kartoflerne og alle gulerødderne.

d) Skyl kartofler og gulerødder, pas på ikke at mose dem, og sæt dem til side. Sæt fonden tilbage på lav varme og lad det simre i flere minutter. Tilsæt æggehviden og skallen og skru op for varmen til medium høj.

e) Bring det i kog, under konstant pisk, med et piskeris. Når fonden koger, vil æggehviden begynde at stige til overfladen. På dette tidspunkt skal du slukke for varmen og lade stå i fem minutter. Beklæd et dørslag med et dobbelt lag fugtet osteklæde og si fonden i en ren gryde.

f) Tilsæt fiskefileterne til fonden og pocher ved middel lav varme, indtil de er gennemstegte; fem minutter. Smag til og juster krydderierne. Halver de reserverede kartofler og skær dem i tern. Skær gulerødderne i fine tern.

g) Fordel fiskefileterne mellem seks suppeskåle. Tilføj et par kartoffelbåde og gulerødder i tern til hver skål. Hæld fonden i skålene, drys med spidskål og pynt med citronskiver.

KONKLUSION

Frisk eller frossen, vi elsker alle laks! Selvom vi må indrømme, at frisk en altid er den lækreste. For at være ærlig er det dog lige meget, hvilken slags du bruger. Laks med chili kokossauce? Laks og avocado salat? Hvad med paprika grillet laks med spinat? Det lyder ret spot on!

Laks er supersundt, fordi det er fyldt med gode fedtstoffer, der er godt for dine negle, hud, hår osv., så der er virkelig ingen undskyldninger for ikke at komme til at koge det. Du bør bestille nogle laksefileter, og bruge denne bog til at tænke over, hvad du kunne tænke dig at lave!

www.ingramcontent.com/pod-product-compliance
Lightning Source LLC
Chambersburg PA
CBHW070643120526
44590CB00013BA/834